DU MÊME AUTEUR

Amyot et Plutarque. La tradition des Moralia au XVIe siècle, Genève, Droz, 1965.

Plutarque en France au XVIe siècle. Trois opuscules moraux traduits par Antoine du Saix, Pierre de Saint-Julien et Jacques Amyot, Paris, Klincksieck, 1971.

Etudes sur les Essais de Montaigne, Paris, Europe Editions, 1973.

Robert AULOTTE

Professeur à la Sorbonne

MONTAIGNE

APOLOGIE

DE

RAIMOND SEBOND

SOCIÉTÉ D'ÉDITION D'ENSEIGNEMENT SUPÉRIEUR
88, boulevard Saint-Germain
PARIS Ve

© 1979, C.D.U. et SEDES réunis
ISBN 2-7181-0202-O

A la mémoire de Jeannine
et pour la naissance de Cédric

AVANT-PROPOS

Se risquer à une étude de l'*Apologie de Raimond Sebond* dans un petit livre comme celui-ci, à destination purement pédagogique, c'est comme on dirait en anglais « a challenge » ou, pour parler comme Montaigne lui-même, « un essai ». Périlleux assurément, car aucun chapitre du livre de Montaigne n'intrigue et ne retient autant que cette *Apologie*, qui « sur le plan de l'œuvre fait problème ; sur le plan de la critique scandale ». (1)

Le chapitre surprend d'abord par ses dimensions. « Cinq fois plus long que le plus long du premier livre : *De l'institution des enfants* ; quatre fois plus long que le plus long du second livre, à part lui : *De la présomption* ; trois fois que le plus long du troisième : *De l'expérience* », (2), l'énorme essai de l'*Apologie* couvre, à lui seul, près du tiers du second livre, près du sixième de l'ensemble de l'ouvrage.

On n'a pas manqué, non plus, de noter sa place particulière, non pas due au hasard, mais intention-

---

(1) M. Gutwirth (CXVII), p.176.
(2) M. Butor (XLV), p.98.

nellement marchande, pour ainsi dire (3), au cœur du second livre, au milieu des *Essais*, dont un critique récent constatait encore que l'*Apologie* « occupies the physical center » (4).

Il n'est pas jusqu'à la personnalité de la grande dame qui a donné charge à Montaigne de composer cette *Apologie* qui ne reste entourée d'un peu de mystère. Sans doute, depuis le dix-huitième siècle, reconnaît-on, d'ordinaire en elle, Marguerite de Valois, reine de Navarre (5), mais, pour vraisemblable

---

(3) Thibaudet (LXXXVIII) y voit (p.272) un « tableau central autour duquel courent des crotesques ». M. Butor (XLV), p.128, considère l'*Apologie* comme « le foyer avancé du second livre », dont « le milieu numérique » est le chapitre 19, révélateur, pense M. Butor, de l'évolution religieuse de Montaigne. M. Butor voit aussi, dans l'*Apologie*, une sorte de forteresse qui investit le premier livre.
(4) Richard L. Regosin (LXXXI) p.47.
(5) Cf. Jean H. Mariejol, *Marguerite de Valois, Reine de Navarre en Gascogne*, Revue de Paris, XXIX, 1922, pp.528-529 ; J. Coppin (XCVI) p.57-66; M. Dreano (LIII), pp.233-236. Montaigne ne la nomme pas, mais il l'évoque dans l'*Apologie* (p.475) : « J'use en liberté de conscience de mon Latin avec le congé que *vous* m'avez donné » et il s'adresse directement à elle, p.557 : « *Vous*, pour qui j'ay pris la peine ». Le peu qu'il nous dit d'elle s'accorde assez bien avec la personnalité de Marguerite, fille de la catholique Catherine de Médicis, sœur de Henri III. Plusieurs membres de son entourage faisaient de l'apologétique catholique ; elle-même défendait, à la Cour de son mari protestant, le droit de faire célébrer des cérémonies catholiques. Cf. Y. Cazaux, *Marguerite de Valois*, Paris, Mercure de France, 1971, p.153.

que soit l'hypothèse, elle ne s'appuie sur aucun argument tout à fait décisif (6).

Il y a plus. La Princesse avait demandé à Montaigne une apologie de la *Théologie Naturelle de Raymond Sebond*, c'est-à-dire la défense d'un livre dont l'auteur prétendait démontrer rationnellement les vérités religieuses et notamment l'existence de Dieu (7). Or, le lecteur a vite fait de s'apercevoir qu'après quelques pages consacrées effectivement à la réfutation des objections faites aux idées de Sebond, Montaigne occupe les neuf-dixièmes de son essai à se livrer à une critique mordante de cette même raison humaine à laquelle Sebond avait accordé une si large confiance dans son traité, à remettre en question une idée cardinale de la *Théologie Naturelle*, celle de la royauté de l'homme, fondée sur sa vocation spirituelle. Le paradoxe entre le propos avoué de Montaigne et la réalisation « d'une apologie qui tourne au réquisitoire », a été souvent relevé. Après Henri Busson, qui affirmait que le chapitre II,12 « *combattait* la doctrine (de

---

(6) Eva Marcu, après avoir résumé ce que l'*Apologie* nous apprend « sur la personne pour laquelle Montaigne aurait écrit l'essai ou, du moins, l'aurait allongé démesurément contre son habitude », pense ainsi pouvoir conclure que la dédicataire n'est ni Marguerite de Valois, ni aucune autre personne réelle, que la dédicace est fictive et qu'il s'agit là d'une astuce pour valoriser le chapitre, tout en l'abritant des critiques et des poursuites.
Hypothèse intéressante, mais qui n'entraîne pas, non plus, la conviction.
(7) Sur la notion de théologie naturelle, voir W. Jaeger, *Humanism and Theology*, Milwaukee, Marquette U.P., 1943, p.6.

Sebond) en prétendant la défendre » (8), l'abbé Coppin lui-même, défenseur pourtant de la thèse de la fidélité de Montaigne à Sebond, l'a loyalement signalé : « Ainsi, Montaigne a abandonné sur plusieurs points le dogmatisme de Sebond : l'excellence de l'homme dans la Création, les attributs de Dieu, la nature de l'âme, tout cela pour lui est obscur. Il ne partage plus la belle confiance de Sebond dans la raison humaine. En le défendant, plusieurs fois, il le contredit directement. » (9) Montaigne devait justifier l'ouvrage de Sebond. Cet ouvrage, il l'oublie rapidement dans l'*Apologie*, qui se présente à nous comme la prise d'armes « la plus singulière de toutes les annales de l'apologétique » (10). Pour le lecteur, le titre même de l'*Apologie* est donc chargé d'incertitudes.

Le déroutera aussi, vraisemblablement, la composition de l'essai. Peut-être aura-t-il eu, d'abord, le sentiment qu'ici Montaigne a voulu, exceptionnellement, construire une démonstration assez rigoureuse, au lieu de se laisser aller, comme dans d'autres chapitres, à l'allure malignement capricieuse de sa pensée et de son écriture. A la réflexion, pourtant, cette fermeté lui paraîtra mériter attention plus soutenue, plus enquêteuse.

Et, surtout, il mesurera la difficulté qu'il éprouve à cerner, à propos de cet essai, le sens exact de ces mots de « scepticisme », de « fidéisme » par lesquels on essaie de rendre compte des

---

(8) (XLIV) p.435.
(9) (XI) p.164.
(10) M. Gutwirth, (LXII), p.112.

attitudes philosophiques et religieuses de Montaigne. Au lecteur, alors, de s'appliquer le célèbre « Que sais-je ? »

Tel est l'essai capital truffé d'allusions à des théories compliquées (II) que nous voudrions modestement interroger, sans prétendre l'éclairer complètement ici, « dans les limites (étroites) de notre chasse ». Mais avec toute notre bonne volonté d'examen. Nos références seront faites d'après l'édition Villey-Saulnier des *Essais*, Paris, P.U.F., 1965. Elles ne seront précédées d'aucune indication si le texte cité est celui de l'édition de 1580. Les lettres (b) et (c) signaleront les variantes de l'édition de 1588 et les ajouts manuscrits de l'exemplaire de Bordeaux.

(11) On se reportera avec profit au livre de P. Duhem, *Le système du monde. Histoire des doctrines cosmologiques de Platon à Copernic*, Paris, Hermann, 1913-1959.

CHAPITRE PREMIER

LA « THÉOLOGIE NATURELLE » DE RAIMOND SEBOND

A l'origine de l'*Apologie*, se place la traduction qu'à la demande de son père, Montaigne avait, avant 1568, faite d'un livre d'édification écrit par un théologien espagnol (1) du XVe siècle, Raimond Sebond.

Sur ce Raimond Sebond, nous ne savons que peu de choses. Son véritable nom lui-même nous échappe. De la quinzaine de variantes que nous connaissons, les plus fréquentes sont *Sabundus* (latin), *Sebond* (français), *Sabunde* (espagnol). Né à Gérone ou à Barcelone, dans le dernier quart du XIVe siècle, Raimunde *Sibiuda* (telle est l'appellation catalane), maître ès-arts, en théologie et médecine, enseigna la théologie à l'Université de Toulouse, où il avait, sans doute, fui les guerres et les persécutions de son pays. Il y occupa le poste de recteur en 1428 et 1435. C'est là qu'il écrivit, dans un latin plutôt boursouflé, un traité intitulé *Liber*

_____

(1) L'abbé Reulet (IX) avait tenté d'attribuer à Sebond la nationalité française. Cette opinion a été contestée par M. Menendez y Pelayo et se trouve désormais abandonnée.

creaturarum seu Liber de homine. De l'ouvrage, terminé le 11 février 1436, quelques semaines avant la mort de l'auteur, la première édition parut, semble-t-il, à Lyon, chez Johannes Siber, en 1484. Elle fut suivie, un an plus tard, par une seconde édition, publiée à Deventer sous le titre : *Theologia naturalis seu liber creaturarum, specialiter de homine* (2).

Le livre, que nous appellerons désormais *Théologie naturelle*, est divisé en sept parties et en trois-cent-trente chapitres, ce qui n'en facilite d'ailleurs pas toujours l'entière compréhension. Dès le prologue — condamné par l'Index du Concile de Trente (3) — le dessein de Sebond s'affirme cependant de façon très claire : il veut à partir d'une étude de la nature humaine aider les chrétiens — qui ne sont pas tous des clercs — à apprendre facilement la vérité de leur religion (4). Théologien catholique, Sebond croit, certes, que Dieu s'est révélé aux hommes par deux livres, la Bible et le livre des créatures ou de la nature. Mais désireux de faire pièce au nominalisme médiéval et à l'irrationalisme envahis-

---

(2) Pour la liste des manuscrits et des impressions, voir la préface de Friedrich Stegmüller à son édition de la *Theologia Naturalis* (VII). Cf. aussi, sur Sebond, Guillermo Fraile, O.P., *Historia de la Filosofia*, Madrid, 1966, III, 150-153.
(3) Le pape Paul IV (1558-1559) avait condamné tout l'ouvrage. L'Index du Concile de Trente, sans doute sous l'influence du P. Lainez, limita la condamnation au seul Prologue, blâmé pour sa conception extrême de la théologie naturelle profane.
(4) Sebond assure que sa méthode n'exige pas de formation spécialisée et que celui qui s'y appliquera « plus sciet infra mensem ... quam per centum annos studendo doctores » (Prologue).

sant du courant averroïste latin (5), c'est sur le seul livre des créatures « qui confirme la Sainte Écriture et qui conduit l'homme à croire fermement à cette Sainte Écriture » que Sebond entend s'appuyer. Dans la conviction que, par l'étude de ce livre — qui n'est pas susceptible d'altération ou de fausse interprétation — et par l'analyse de soi, l'homme pourra, dans l'exercice de sa raison, soutenir les vérités révélées au moyen d'arguments infaillibles et irréfutables, même aux yeux des non-croyants, puisque ces arguments seront tirés de l'expérience des créatures et de la nature de l'homme et ne feront aucune référence à une quelconque autorité, fût-ce celle de la Bible. Pour qu'éclate la vérité de la religion chrétienne — réservée, il est vrai, dans sa probante plénitude à la Révélation — (6) il importe d'abord, pense Sebond, que l'homme sache exactement ce qu'il doit à Dieu et aux créatures faites à l'image de Dieu. Or, pour bien connaître son devoir, il faut se bien connaître ; ce qui n'est pas toujours le cas pour l'homme, souvent ignorant de sa

---

(5) Le courant issu d'Averroès, philosophe arabe du XIIe siècle, dont les œuvres avaient été publiées à Lyon en 1529, avait radicalement opposé les articles de foi et les données rationnelles. De cette séparation, creusée par Pomponazzi et par les Padouans, il avait déduit la théorie de la double vérité, selon laquelle la vérité religieuse gardait toute sa valeur, même si la raison la mettait en cause. Cf. H. Busson (XLIII), et J.H. Randall, *The school of Padua and the emergence of modern science*, Padoue, Antenore, 1961.
(6) « Sebond distingue la faculté de *trouver* par raisonnement les vérités religieuses et celle de les *prouver*, une fois que nous les connaissons par la Révélation ». H. Janssen (LXV), p.34.

propre nature. Il convient donc d'amener, par l'introspection, l'homme à la juste notion de ce qu'il est et de ce qu'il vaut, en lui enseignant, au moyen du livre de la nature, dont il est « la lettre majuscule et la clé », cette science essentielle « propre à l'homme en tant qu'il est homme, naturelle et nécessaire à tout homme et lui convenant, par laquelle il est illuminé à se connaître lui-même et son créateur »... « à découvrir la fin pour laquelle il a été fait et qui l'a fait, en quoi consiste pour lui le bien, en quoi le mal, ce qu'il doit faire, quelles sont ses obligations et envers qui il est obligé » (7).

Ce à quoi Sebond se propose de parvenir en offrant à l'homme, qu'il veut acheminer vers Dieu, le spectacle du monde visible, qui lui parle de l'auteur de la création, et en lui faisant découvrir sa place dans l'ordre de l'univers, sa position privilégiée sur ce que le théologien appelle « l'échelle de nature ».

Échelle à quatre marches, par laquelle l'homme « monte à la connaissance de soi et de son Créateur ». Sur la plus basse marche, ce qui n'a que l'être : minéraux, métaux, corps célestes, toutes choses faites par art. Au-dessus, les choses, qui en plus de l'être, ont la vie : les plantes. Puis, les animaux, qui ont l'être, le vivre et le sentir. Au sommet, enfin, l'homme, créature raisonnable et libre, capable de comprendre et de vouloir, preuve, par son excellence sur les autres animaux, de l'excellence d'un Dieu sur lui (8).

---

(7) Prologue.
(8) H. Friedrich (LIX), p.110, relève avec justesse que « La classification de ces objets se fonde... sur l'ordre hiérarchi-

Ayant ainsi situé l'homme sur l'échelle de nature, Sebond aborde sa première partie, qui envisage les problèmes du seul point de vue de la Création. Il y expose, de façon détaillée, les ressemblances et les différences — générales et particulières — qui se notent entre l'homme et les autres créatures, et à partir desquelles il déduira l'existence d'un Dieu souverain, sage, bon, créateur et ordonnateur de l'univers. Ressemblances générales : comme les créatures des degrés inférieurs, l'homme (c'est ce que montre le spectacle de la nature) dépend d'un maître absolu et infini, qui a ordonné l'ensemble de l'univers, « Dieu, un en essence, trine en personnes » (9). Ressemblances particulières : l'homme se nourrit, comme les plantes ; comme les animaux, il est doué de sensibilité, de mobilité. C'est donc avec un réel souci d'unité, selon un plan plein de sagesse, que Dieu a organisé le monde, voulant que la fraternité s'y manifeste entre toutes les créatures, liées par leurs ressemblances.

Mais, si l'homme ressemble, par certains aspects, aux autres créatures de l'univers, il diffère d'elles, aussi, de manière sensible et c'est là ce qui fait son excellence (Ch. LXXXVI). Face à la grande variété d'espèces que présentent les marches les

---

que traditionnel, qui va des choses inanimées aux êtres animés, et, de là, aux idées et à Dieu, ainsi que sur le principe de l'*analogia entis* ».

(9) « *Et sic per istum processum invenimus Deum trinum et unum. Unum in essentia et trinum in personis* » (ch. LV, fin, p.71). Dieu a créé le monde *ex nihilo*. Il a produit son Fils, *intra se, ab aeterno, per modum naturae*. Le Saint Esprit procède du Père et du Fils, *per modum voluntatis*.

plus basses, l'humanité forme une seule espèce, où les individus ne se distinguent que de façon accidentelle. A cette espèce une, Dieu a donné, comme présents particuliers, le libre-arbitre (toujours complété par l'œuvre de la grâce divine) qui rend les hommes responsables de leurs options, et le jugement, qui leur permet d'apprécier la grandeur du bienfait de Dieu, d'en dégager cette obligation fondamentale d'amour qui en résulte pour eux et d'où découlent leurs autres devoirs, en particulier celui de craindre et d'honorer Dieu. Ainsi, la position privilégiée de l'homme — intermédiaire entre l'Univers et Dieu, que, seul, il peut connaître — doit-elle être sentie comme une dette envers le Créateur, une dette dont il appartient à l'homme de s'acquitter avec reconnaissance, en servant Dieu (10) de son plein gré (alors que les autres créatures servent l'homme naturellement et par nécessité) et en aimant aussi son prochain, parce qu'il est l'image de Dieu.

Intervient ici, dans la *Théologie Naturelle*, un admirable traité de l'amour marqué par l'influence des mystiques, espagnols et étrangers, où Sebond oppose avec force l'amour de Dieu, racine de tout bien, et l'amour de soi, qui engendre tous les vices, l'amour de Dieu, source de joie et l'amour de soi, dont la tristesse est le fruit rempli d'amertume.

« Tout est compris, indique-t-il, dans ces trois termes : l'obligation, l'amour et la joie. Tout

---

(10) Conception thomiste. Pour Saint Thomas « il n'y a pas de devoirs personnels qui ne soient d'abord des devoirs envers Dieu ». Cf. Gilson, *Le Thomisme*, Paris, Vrin, 1948, p. 421.

l'ordre des créatures, toute l'échelle de nature nous montrent l'obligation envers Dieu, le devoir d'amour et la joie. C'est à partir des créatures que se manifeste l'obligation ; à partir de l'obligation, le devoir d'amour, à partir du devoir d'amour, la joie. Et ainsi, avec l'aide de Dieu, nous montons sans cesse, du bien au mieux, de l'infiniment bas au plus élevé. » (ch. CLVI)

Tel est le devoir de l'homme créé intelligent et libre et qui aurait dû faire servir ses facultés à sa conservation et à son perfectionnement, par l'affirmation de ce qui lui est bon et par le refus du contraire (11). Ce devoir, l'homme, en réalité, ne le remplit pas, lui qui n'aime ni Dieu, père commun de tous les hommes, ni son prochain qu'il devrait pourtant aimer comme soi-même (ch. CCXXIV). S'il agit ainsi, au rebours de son obligation, c'est que sa « volonté mauvaise » l'a fait se révolter contre Dieu et que, par sa faute, il se trouve tragiquement déchu de l'état supérieur que Dieu avait voulu pour lui, lors de la Création.

D'où, une seconde partie de la *Théologie Naturelle*, consacrée à la Chute et à la Rédemption, s'achevant sur l'évocation du Jugement dernier. Vin changé en vinaigre, semblable à une femme chaste qui serait devenue putain, enfant perdu, l'être humain est incapable, dans son état de faiblesse et de corruption, de satisfaire à ses obligations, impuis-

---

(11) « *Unde cum homo debeat per suum intellectum et voluntatem acquirere totum suum bonum et totam suam perfectionem, dignitatem et nobilitatem, in quantum homo est, ideo ipse non debet uti illis contra seipsum et ad suam destructionem et contra hominem sed pro homine.* » (ch. LXVI, fin)

sant à réparer l'injure faite à Dieu et dont la femme porte la plus lourde responsabilité (chapitre CCXXXVIII) (12). Mort selon l'âme, sorti de l'ordre de la nature qu'il a perverti, il ne peut, désormais, pour payer sa dette que compter sur un Sauveur. Ce Sauveur est venu. Par sa mort, « très douloureuse et très précieuse » Jésus-Christ a racheté le genre humain. Aussi, pour l'homme aveuglé, séparé de son Créateur, étranger à lui-même, n'est-il d'autre salut que dans la méditation de la mort du Rédempteur et dans la pratique des sacrements, seuls moyens qui lui soient offerts de sortir de sa misère et de tendre à nouveau vers la perfection.

Il serait donc inexact, on s'en rend compte, de ne voir, comme on a voulu le faire d'après le Prologue surtout, qu'une œuvre de rationalisme radical (13) dans cette *Théologie Naturelle.* (14) Certes, dans son intention apologétique, Sebond confère-t-il à la raison humaine une réelle puissance de « certitude », mais, comme le note J.M. de Bujanda (15) « la conception qui préside à tout l'ouvrage cherche l'accord entre les deux livres de la nature et de la grâce », les connaissances acquises par l'exercice de la pensée logique et discursive n'étant qu'une propédeutique à l'enseignement de la Sainte Écriture.

Il ne serait pas juste, non plus, de n'y entendre qu'un chant à la gloire de l'homme. L'homme, « la plus excellente créature de l'univers » dans l'ordre

---

(12) Pour une vue d'ensemble de la *Théologie Naturelle*, voir J. Coppin (XI), pp.38-41 et I.S. Revah (XIV), pp.8-18.
(13) Cf. T. et J. Carreras-Artau (XIII), II, p.109, 157.
(14) (XVI) p.78.
(15) *Théologie naturelle*, ch. LXIV.

de la nature voulu d'abord par Dieu, a perdu ses prérogatives par sa désobéissance et par son péché et il ne peut retrouver sa grandeur que grâce au sacrifice d'un Sauveur offert à l'humanité par la bonté sans bornes d'un Dieu « qui est toujours plus grand que nos cogitations ». (16)

Scolastique, sûrement tenté par la pensée thomiste, à laquelle il reprend, entre autres, sa conception anthropocentrique du monde, Sebond s'inspire, en fait, très largement de l'augustinisme médiéval (16). Plusieurs de ses affirmations se retrouvent chez Hugues de Saint Victor. Son traité de l'amour rappelle le *Blanquerne de l'Amy et de l'Aimé* (17) de Raymond Lulle, à qui il doit, par ailleurs, beaucoup. Au début de la *Théologie Naturelle*, il imite le *Monologium* et le *Proslogium* de Saint Anselme, pour se nourrir, dans la seconde partie, du *Breviloquium* de Saint Bonaventure, qui lui fournit, notamment, l'image de l'échelle de nature et l'idée que l'amour transforme celui qui aime en l'objet de son amour.

La *Théologie Naturelle* connut une rapide diffusion en Europe dans les dernières années du XVe siècle et, en France même, au début du XVIe siècle. Outre les deux éditions latines déjà citées, huit autres parurent en moins de cinquante ans : deux à

---

(16) Voir la thèse, à paraître, de Mme Comparot, *De Sebon à Montaigne : Augustinisme et Aristotélisme.*
(17) Sorte de dialogue mystique entre l'Aimant et l'Aimé, cet ouvrage semble avoir été le plus populaire des écrits de Lulle. Il fut encore traduit en 1632 par Denys Moreau. Sur le Lullisme en France au XVe siècle, voir la communication de Miguel Battlori, in *L'humanisme français au début de la Renaissance*, Coll. Int. Tours (XVIe stage), Paris, Vrin, 1973, pp.117-126.

Strasbourg (1496 et 1501), une à Nuremberg (1502) dont Beatus Rhenanus possèda un exemplaire, une à Paris (1509), quatre à Lyon (1507-1526-1540-1541). Dans cette même ville de Lyon, Bernard Lescuyer en donna, dès 1519, une version française, publiée chez Claude Dauphin.

En France, l'ouvrage fut particulièrement apprécié par le groupe réformateur de Meaux. Lefebvre d'Étaples était séduit par la parenté de Sebond — qui enseignait l'excellence de la connaissance directe et personnelle de Dieu dans la pratique de la vie chrétienne — avec les écrits de Nicolas de Cuse (possesseur d'un exemplaire de la *Théologie Naturelle*) et de Raymond Lulle, que lui-même publiait. Charles Bovelles considérait la *Théologie Naturelle* comme une œuvre très savoureuse et très nourrie (« *succulentissimum atque uberrimum* »). Parallèlement, le livre jouissait d'une réelle faveur auprès des premiers membres de la Compagnie de Jésus qu'attiraient les ressemblances entre la *Théologie Naturelle* et certaines exhortations d'Ignace de Loyola dans les *Exercices Spirituels* (18). Les éditions latines et la traduction française de Lescuyer n'étaient, d'ailleurs, pas seules à propager les idées de Sebond, son augustinisme psychologique, ses syllogismes, ses images. Une adaptation abrégée en avait été faite par le chartreux Pierre Dorland (19), qui la publia en 1499, à Cologne, sous le titre de *Viola*

---

(18) Cf. M. Battlori (XV), pp.454-463.
(19) Né à Diest en Brabant (1454) il mourut au couvent de Zeelem (1454). Il est l'auteur de nombreux ouvrages de piété. Cf. Louis Moereels, « Dorland » in *Dictionnaire de Spiritualité*, III, col. 1646-1651.

animae (20). Elle fut traduite en français par Jean Martin (21), à la demande de la reine Éléonore d'Autriche (22), épouse de François Ier, et elle parut en 1551.

Mais il est évident que c'est Montaigne qui contribua le plus à la connaissance de l'œuvre de Sebond, à laquelle il s'intéressait dès avant 1565, date de la mort d'Adrien Turnèbe à qui il en avait parlé. Sa traduction publiée en 1569 (23), revue en 1581, après le succès des *Essais*, fut encore réimprimée en 1603 (Rouen), 1605 (Tournon), 1611 (Paris). Il y eut même une réédition, à Rouen, en 1641, dont Pascal s'est, très vraisemblablement, servi.

Sur les qualités de Montaigne traducteur, nous sommes amplement renseignés grâce à la thèse de l'abbé J. Coppin. Montaigne n'a pas connu la version de B. Lescuyer et il ne pouvait tirer un

---

(20) Dans cet ouvrage qui connut neuf éditions latines au cours du XVIe siècle, P. Dorland condense la *Théologie naturelle* en quatre-vingt-six chapitres regroupés en sept dialogues. Les six premiers sont des résumés — parsemés de souvenirs antiques et de citations de Virgile — de chacune des parties du livre de Sebond. Le septième, sur la Passion de J.-C., est un travail original de P. Dorland.
(21) Sur ce fécond traducteur, voir Pierre Marcel. *Les influences italiennes sur la Renaissance artistique française. Leur vulgarisateur : Jean Martin*, Paris, Garnier, 1927, pp. 125-128 et 188-189.
(22) Celle-ci, devenue veuve en 1547, rejoignit son frère, l'Empereur, avant l'achèvement du travail, qui fut alors dédié au cardinal Robert de Lenoncourt. La traduction de J. Martin fut réimprimée en 1555 et 1556.
(23) Dédicace à Monseigneur de Montaigne, datée du 18 juin 1568, jour même de la mort de Pierre Eyquem. Privilège du 27 octobre ; achevé d'imprimer du 30 décembre 1568.

véritable parti de la mise en français par J. Martin de la *Viola animae*. Il n'est pas possible de savoir avec exactitude quelle édition de la *Théologie Naturelle* Montaigne a prise comme base de son interprétation, mais cette édition contenait certainement le Prologue qui, mis à l'Index, disparut des impressions postérieures au Concile de Trente et dans lequel Montaigne a corrigé plusieurs formules de Sebond qui semblaient accorder à la raison naturelle le pouvoir d'introduire à la connaissance de toutes les vérités religieuses, y compris les mystères. En dehors de ces retouches, qui visent à rendre le Prologue plus orthodoxe, Montaigne s'accorde à l'occasion quelques libertés dans une traduction, au demeurant, assez fidèle. Sa version est plus courte que l'original qu'elle résume ici ou là et dont elle supprime certaines redites, sans jamais trahir vraiment le sens. La phrase, parfois un peu lourde, ne manque pas d'ampleur. Le vocabulaire est abondant, varié. Les tournures heureuses abondent et, comme le note H. Friedrich, Montaigne, traducteur d'une œuvre indigeste, « met de l'air et de la lumière dans le poussiéreux bouquin du magister catalan » (24). Déjà s'affirme dans cette œuvre de jeunesse le goût caractéristique de Montaigne pour les images : non seulement il souligne celles — fort nombreuses — que lui fournissait son auteur (25), mais il en ajoute beaucoup d'autres et sa préférence pour certaines métaphores, empruntées aux regis-

---

(24) (LVIII) p.113.
(25) Au jeu abstrait des idées de Saint Anselme qu'il imite, Sebond préfère manifestement les images qui les éclairent.

tres de l'habillement, de l'organisation de la société, annoncent vraiment le style de ces *Essais* où nous allons maintenant relire l'énorme massif de l'*Apologie*.

CHAPITRE II

LIRE « L'APOLOGIE »

« On couche volontiers le sens des escris d'autrui à la faveur des opinions qu'on a prejugées en soi. » L'avertissement vient de Montaigne lui-même, dans l'*Apologie* (p.448). Recevons-le, nous aussi, volontiers et, lecteurs de bonne foi, essayons de suivre docilement Montaigne dans les multiples détours de son « puzzle », (1) de nous laisser porter par les « fantasies » de ce qu'il considère, de son propre aveu, comme un « long et ennuyeux discours » (p.603).

Une déclaration de principe

L'*Apologie* s'ouvre sur l'affirmation selon laquelle Montaigne ne croit pas que la science loge en elle le souverain bien, ni qu'elle puisse nous rendre heureux et sages (2), ni qu'elle soit la mère

_____

(1) L'expression est de l'abbé Z. Gierczynski, (CIX), p.9.
(2) Il s'agit d'une référence au philosophe Erillus, qui peut venir des *Academica* de Cicéron, II.42. Cf. E. Limbrick, (CXXV) p.73.

27

de toute vertu et que tout vice soit produit par l'ignorance. Se trouve ainsi posée, d'entrée de jeu, la thèse que Montaigne va développer, lui qui n'a pas pour la science la même révérence aveugle que lui portait son père, homme de la génération de François Ier, le protecteur des lettres.

Un cadeau du destin

C'est à ce père que l'humaniste toulousain, Pierre Bunel, de passage un jour à Montaigne, aux environs sans doute des années 1540, fit, en écot, présent de la *Theologia naturalis sive liber creaturarum magistri Raymondi de Sabonde*. Pierre Bunel avait dû juger que la pratique d'un tel ouvrage — qui faisait lire directement au grand livre de la Nature les vérités que troublaient les interprétations diverses de l'Écriture — ne serait pas inutile à son hôte. (3) L'avait-il trouvé ébranlé par les « nouvelletez de Luther » depuis son mariage, en 1528, avec Antoinette de Louppes, descendante de Juifs espagnols — et qui sait ? — séduite par la Réforme (4). On l'ignore, mais il semble bien que Pierre Eyquem ne tira pas tout de suite grand profit de l'indigeste traité de Sebond. Il ne le retrouva « de

_____

(3) P. Bunel, tenté d'abord par les idées réformées, était revenu au catholicisme. Il devait mourir en 1546. Cf. H. Busson, (LXIII), I pp.104-sq., qui pense qu'il est peu probable qu'après avoir d'abord tant douté de la raison comme il l'avait fait, Bunel ait trouvé dans les raisonnements de Sebond les bases d'une foi solide.
(4) C'est l'opinion de J. Coppin (XI) p.27 qui croit que la mère de Montaigne était convertie au protestantisme, mais cette hypothèse ne s'appuie sur aucun argument solide. Cf. R. Trinquet, *La jeunesse de Montaigne*, Paris, Nizet, 1972, pp.156-157.

fortune » que « quelques jours avant sa mort »,
« soubs un tas d'autres papiers abandonnez » et
c'est alors seulement qu'il commanda à son savant
fils de « le luy mettre en François » (p.939). Ce
que Michel « estant de fortune de loisir », accom-
plit, « comme il put », faisant goûter « au meilleur
pere qui fut oncques », « si singulier plaisir » que
celui-ci « donna charge que l'on fit imprimer » la
version de son fils, improvisé traducteur pour la cir-
constance (5).

Succès et traverses d'une traduction

L'ouvrage ne parut qu'en 1569 après la mort
du père de l'auteur. Il eut, on le sait, du succès.
Beaucoup de gens « s'amuserent (= s'occupèrent)
à le lire, notamment les dames » (6) (p.440) qui,
comme Montaigne, devaient trouver « belles les
imaginations (= idées) de Sebond, la contexture
de son ouvrage bien suivie et son dessein plein de
pieté » (p.440) (7). Il ne manqua pas non plus de

---

(5) On a souvent fait remarquer avec quelle coquetterie
Montaigne parle de sa traduction où la fortune eut grande
part et dont « la datation est certes cavalière », Montaigne
n'ayant pu s'acquitter en si peu de temps (1568-69) d'une si
lourde charge.
(6) L'Érasmisme, le Néo-Platonisme et le Pétrarquisme
avaient, depuis plusieurs décennies favorisé l'accès des fem-
mes à la culture.
(7) L'abbé Gierczynski voit de l'ironie et du mépris (CIX, p.
34) dans les éloges que Montaigne adresse à Sebond. Affirmation toute subjective, semble-t-il.

détracteurs (8), qui soulevaient des objections à l'entreprise de Sebond d'avoir voulu « par raisons humaines et naturelles establir et verifier contre les atheistes (9) tous les articles de la religion Chrestienne » et cela dans un livre dont le savant Adrien Turnèbe avait pourtant dit à Montaigne que ce devait être « quelque quintessence tirée de Saint Thomas d'Aquin ».

C'est aux deux principales de ces objections que le traducteur de Sebond se propose, d'abord, de répondre dans son *Apologie.*

---

(8) Pierre Villey nous apprend qu'« à la Cour de Navarre, il se trouvait des gens pour juger que Raymond Sebon avait bien mal réussi dans son dessein de prouver les vérités de la foi par les seules lumières de la raison ». Il ajoute qu'« un rationalisme antichrétien allant jusqu'à l'athéisme et l'épicurisme se propageait à la faveur des guerres de religion parmi les lettrés et dans certains milieux mondains » (Les *Essais de Montaigne*, Paris, Malfère, 1932, p.64).
(9) Sur le sens, très flou, de ce mot à l'époque de Montaigne, voir Don Cameron Allen (XXXIV), ch. I ; *Atheism and Atheists in the Renaissance*, qui discute les idées de Charbonnel, Busson, L. Febvre, Kristeller, etc.
Le terme servait souvent d'injure aux catholiques et aux protestants. Pour F. Strowski, les adversaires de Sebond seraient les calvinistes. Floyd Gray verra aussi des sectateurs de Calvin dans ces « nouveaux docteurs » (*Apologie* p.559) imbus de raison raisonnante (CXIII), p.22-34.
Signalons ici la thèse récente de François Berriot, *Le problème de l'athéisme et des athéistes au XVIe siècle* (Université de Nice, 1976).

Réponse à une première critique.

La « premiere reprehension » (p.440) vient de croyants (fidéistes ? esprits influencés par les idées padouanes (10) ?) qui estiment que « les Chrestiens se font tort de vouloir appuyer leur creance par des raisons humaines, qui ne se conçoit que par foy et par une inspiration particuliere de la grace divine ». A ceux là, qui s'offusquent donc de voir Sebond soutenir humainement la foi, Montaigne va répondre avec « douceur et respect ». Avec humilité aussi, car il n'est pas aussi « versé en la Theologie » qu'il le faudrait en cette matière. Il reconnaît que « c'est la foy seule qui embrasse vivement et certainement les hauts mysteres de nostre Religion » (p.441), mais c'est pour affirmer aussitôt, avec Sebond, que, sauf à avoir une véritable foi d'essence quasi-mystique, les chrétiens doivent « accommoder au service de leur foy les utils naturels et humains que Dieu leur a donnez... » pour estandre et amplifier la verité de leur creance » (p. 441). Ainsi, la raison peut aider la foi, une foi qui, cependant, « n'entre chez nous... en sa dignité et sa splendeur que par une infusion exceptionnelle », « faveur extraordinaire et privilegée », don purement gracieux du Créateur à la créature (11).

Du plan théologique, Montaigne passe alors au plan moral, où il se sent plus assuré. En fait, avons-

---

(10) Sur l'erreur qui consiste à voir des athées, des libres-penseurs impies, dans les aristotéliciens padouans du XVIe siècle, cf. P.O. Kristeller (CXX), p.337-348.
(11) C'est l'absence de ce don qui fait que les philosophes anciens n'ont pu, en dépit de leurs efforts intellectuels, arriver à la compréhension de Dieu.

31

nous cette « foi vive », — ce degré suprême et fort rare de la foi — qui nous ferait tenir à Dieu « par luy, non par nous » ? On peut en douter, alors que de si menues raisons trouvent « la force de secouer et alterer nostre croiance » (p.441). Loin de porter « la marque particuliere de nostre verité, ... la vertu » (12), nos mœurs de prétendus chrétiens, nous placent bien en dessous des Mahométans et des païens (p.442). Dans nos guerres civiles, nous nous servons de la religion à des fins purement humaines, au lieu de nous mettre nous-mêmes au service de la religion, plus impudents en cela que les disciples de Machiavel (p.443). Comment s'étonner alors que Dieu refuse le « secours extraordinaire » de la foi à ceux qui lui « font barbe de foarre » (= se moquent de lui), qui l'outragent, qui, « par goust mesme de l'offense », n'hésitent pas à blasphémer, comme le faisaient ces païens d'Antisthène et de Diogène, à propos de l'immortalité de l'âme. Notre attitude « pleine de lacheté et de faiblesse de cœur » à l'égard de la mort — que nous devrions désirer comme le sceau de notre union avec Jésus Christ, comme le moment de nos retrouvailles avec lui (p.445) — prouve bien que « nous ne recevons nostre religion qu'à nostre façon et par nos mains et non autrement que comme les autres religions se recoyvent » ; que « nous nous som-

(12) Car, note Montaigne, dans une addition de (c) : « Toutes autres apparences sont communes à toutes religions : esperance, confiance, evenemens, cerimonies, paenitance, martyres. » (p.442) Ce qui ne veut pas dire, bien sûr, qu'il met en tout la religion chrétienne sur le même plan que les autres.

mes rencontrez au païs où elle estoit en usage » ;
que « nous (b) sommes Chrestiens à mesme titre
que nous sommes ou Perigordins ou Alemans » (p.
445) (13).

S'insère ici un intéressant ajout de (C), sur l'a-
théisme « proposition come desnaturée et monstrueuse », qui ne relève que d'« improvisations su-
perficielles lesquelles nées de la desbauche d'un esprit desmanché vont nageant temererement et in-
certainement en la fantasie » (p.446). Athéisme
moins dangereux, au total, que tel « dogme serieu-
sement digeré » (le calvinisme, par exemple ?).
L'athéisme n'est qu'attitude, toute de provisoire
provocation (14), « d'homes bien miserables et
escervelez qui tachent d'estre pires qu'ils ne peuvent ». Laissons donc cet athéisme, que ceux qui
« en font profession par contenance », « s'ils sont
assez fols, ne sont pas assez forts pour *le planter*
en leur conscience » (p.446) et revenons à la foi.
Ce que nous appelons notre foi s'appuie sur trop
de motifs humains, sur trop de « considerations
subsidiaires », alors qu'une foi sincère, intransi-
geante, ne peut être que ce « neud qui devroit
attacher nostre jugement et nostre volonté, qui
devroit estreindre nostre ame et joindre à nostre
createur... neud prenant ses repliz et forces, non

---

(13) Constat de faillite humaine, non pas condamnation de
la religion révélée. Sans la grâce nous ne pouvons rien. Avec
elle, que ne pourrions-nous ?
(14) Ce qui explique les conversions « in extremis » de tant
de gens qui, « par vanité et par fierté de concevoir des opinions non vulgueres et reformatrices du monde », affec-
taient d'être athées.

pas de noz considerations, de noz raisons, mais d'une estreinte divine et supernaturelle, n'ayant qu'une forme, un visage et un lustre, qui est l'authorité de Dieu et sa grace » (p.446).

Telle est la foi, au service de laquelle Sebond a voulu — légitimement — mettre « toutes noz autres pieces, selon leur portée » (p.446), la foi qu'il nous invite à « accompaigner de toute la raison qui est en nous » (p.441), en nous faisant voir dans l'univers les marques de divinité que « la main de ce grand architecte » y a mises. Il faut lui savoir gré de s'être « travaillé à ce digne estude », d'avoir rassemblé ces arguments « que la foy venant à teindre et illustrer... elle rend fermes et solides » (p.447). Si fermes et si solides qu'ils ont pu, affirme Montaigne, parlant d'expérience, « servir d'acheminement et de premiere garde » à la conversion d'un mecréant, au demeurant « homme d'autorité, instruit dans les lettres ».

Sans doute, les arguments de Sebond n'ont-ils que « façonné » ce mécréant, ne l'ont-ils que « rendu capable de la grace de Dieu, par le moyen de laquelle se parfournit et se perfet, après, nostre creance » (p.447). Reste que ces arguments qui peuvent — Montaigne vient de le montrer — satisfaire pleinement des croyants éclairés par leur foi, gardent leur valeur intrinsèque, même si à la manière des rationalistes, on ne les considère que comme des « fantasies (= idées) humaines ».

Riposte à une seconde objection

C'est à l'attaque de ceux qui veulent examiner avec leur seule raison les idées de Sebond que Montaigne va maintenant répliquer. Sans ménagement cette fois, en les secouant même « un peu plus rudement, car ils sont plus dangereux et plus malitieux » (p.448) que ses premiers contradicteurs. En effet, ces rationalistes incommodes ont, a priori, « quelque preoccupation de jugement qui leur rend le goust fade aux raisons de Sebond » (p.448). Que disent-ils donc ces adversaires outrecuidants, toujours prompts à trancher ? Que les arguments de Sebond « sont foibles et ineptes (= impropres) à vérifier ce qu'il veut » (p.448). Comme ils ne s'appuyent que sur leur raison, inutile d'alléguer longuement devant eux les preuves que Saint Augustin a données de la faiblesse de la raison humaine ; inutile d'espérer les convaincre avec l'affirmation du Saint Esprit lui-même que « nostre sagesse n'est que folie devant Dieu ». Il faut les fouetter « à leurs propres despens », accepter de leur faire beau jeu en ne les attaquant qu'avec leurs seules armes, bref ne combattre « leur raison que par elle-mesme » (p.449). Le moyen que choisit Montaigne, c'est le raisonnement par l'absurde, c'est de « froisser et fouler aux pieds l'orgueil et l'humaine fierté », d'abattre « ce cuider (= présomption), premier fondement de la tyrannie du maling esprit », source même de ce dédain que les rationalistes opposent aux arguments de Sebond. Comment ? En les piquant de questions. Sont-ils en mesure, ces rationalistes, d'avancer avec leurs chétives armes, des « raisons plus fortes que celles de Sebond ». Et d'une façon plus générale, l'homme est-il capable « d'arriver à aucune certitude par argument et par discours » ? Délaissant la première question — qui l'aurait entraîné à des discussions interminables — Montaigne en vient vite à la seconde qu'il dédouble en quelque sorte : 1) Qu'est-ce que « l'homme armé seulement de ses armes (la raison) et despourveu de la grace et cognoissance divine, qui est tout son honneur, sa force et le fondement de son estre » (p.449) ? 2) Que vaut la science humaine ?

Une double passe d'armes

De la réponse aux objections, Montaigne passe alors à la contre-attaque sur les deux fronts de la vanité de l'homme et de la vanité de sa connaissance. Vanité d'abord de l'homme privé de la grâce. Prenant un exemple concret (15) après toute une série de pages théoriques, Montaigne inflige une cruelle leçon de relativisme aux présomptueux qui entendent se fier aux lumières de leur seule raison, sans attendre de secours de la grâce. L'homme sans Dieu est-il autre chose qu'une « miserable et cheti-ve creature », si on le compare « à la domination et puissance de l'univers », si l'on accepte de consta-ter qu'il est totalement assujetti à l'influence de

_____

(15) C'est le magnifique passage « Considerons donq pour cette heure l'homme seul...» (p.449) où Montaigne antici-pant, par la méthode, sur Pascal et sur le Rousseau du *Se-cond Discours*, s'applique à abattre l'orgueil humain sous sa tentation la plus subtile : l'anthropocentrisme. Cf. le com-mentaire de M. Gutwirth (LXII) p.120 : « l'anthropologie profane est née. L'écologie, l'ethlogie, la communication intersidérale se profilent dans le lointain. Délestée de l'hy-pothèse de la grâce, la nature humaine peut exhiber à nu son insignifiance, au sein d'un univers par le même coup rendu à son immensité écrasante, à l'éclat inhumain de sa poussière astrale. »

ces astres (16) qu'en accord avec les cosmologues de son temps, Montaigne se refuse à priver « et d'ame et de vie et de discours (= raison) » ? Dès lors, puisque « nous tenons de la distribution du ciel (= des astres) cette part de raison que nous avons, comment nous pourra-t-elle esgaler à luy, comment soubmettre à nostre science son essence et ses conditions » (p.451). L'homme, influx d'une intelligence qui le dépasse, ne peut donc se prévaloir d'aucun privilège réel qui lui permette de s'aller « plantant par imagination au dessus du cercle de la lune (17) et ramenant le ciel soubs ses pieds » (p. 452). Sans doute n'est-il pas question de jeter à bas toute raison, ni toute grandeur humaine, mais que l'homme reste toujours en garde contre sa présomption, source de cet orgueil insensé qui le fait, lors même qu'il renonce à s'égaler à Dieu, se glorifier, dans un véritable délire mégalomane, d'être au moins le maître du monde sublunaire, sous l'action duquel se trouve pourtant son corps, comme l'indiquent les analogies entre le macrocosme et le mi-

---

(16) L'astrologie tient, on le sait, une place importante dans la pensée du XVIe siècle (que l'on songe à Ronsard), où elle n'est pas seulement un résidu de la pensée médiévale. Voir, à ce sujet, E. Garin, *Magia e astrologia nella cultura del Rinascimento...* Bari, Laterza, 1954 ; J. Lucas Dubreton, *Le monde enchanté de la Renaissance*, Paris, 1954 ; Wayne Shumaker, *The occult Sciences in the Renaissance. A study in Intellectual Pattern*, Un. California Press, Berkeley, 1972 et l'introduction de M. A. Screech, *Pantagrueline Prognostication pour l'an 1553*, Genève, Droz, 1974.

(17) Dans la conception médiévale du cosmos — à laquelle Montaigne humaniste n'adhère plus — la terre est au centre du monde ; au dessous de la lune, se trouvent les substances corruptibles ; au dessus d'elle, les corps célestes incorruptibles, puis la sphère céleste et le ciel théologique.

crocosme ! Ne se croit-il pas supérieur à ces animaux dont il ignore la vie psychologique et auxquels il distribue cependant « telle portion de facultez et de forces que bon luy semble » ? (p.452). C'est pourtant avec les animaux « de la pire condition des trois » — les animaux terrestres, inférieurs aux animaux aériens et aquatiques, parce qu'ils sont plus lourds et moins mobiles qu'eux — qu'il se voit logé « icy parmy la tourbe et le fient du monde ». Certes, Montaigne ne niera pas les différences. « Il y a des ordres et des degrez », reconnaîtra-t-il (p.459), mais pour conclure aussitôt que « c'est soubs le visage d'une mesme nature ».

Histoires esmerveillables d'animaux

Après avoir confronté l'homme avec l'univers, Montaigne va maintenant le situer sur la terre, au niveau le plus bas possible : celui des animaux. Tout un « long registre » d'histoires d'animaux — étonnantes assurément mais devenues moins invraisemblables à nos esprits depuis les découvertes récentes de l'éthologie (18) — tend à convaincre les rationalistes que « sans la grace et connoissance divine », l'homme n'est « ny au dessus, ny au dessoubs du reste » (p.459). Comme les hommes, les bêtes « s'entr'entendent, non seulement celles de mesme espece, mais aussi d'especes diverses » (p. 453). Comme elles, nous n'avons pas besoin de langage pour communiquer entre nous : nos mains

---

(18) On peut évoquer ici les travaux de Conrad Lorenz sur les oies, ceux de Jane Goodall sur les chimpanzés, ceux de George Schaller sur les gorilles. Et les expériences des Gartner sur les singes qui peuvent apprendre le langage des sourds et muets.

parlent, et notre tête, et nos sourcils (19). Et ainsi de suite. Contestant à la fois les défenseurs de la *dignitas hominis* et ceux de la *miseria hominis*, Montaigne accumule les exemples — parfois paradoxaux — pour « maintenir cette ressemblance qu'il y a aux choses humaines (20) et pour nous ramener (nous, les hommes) et joindre au nombre » (p.459). Lui oppose-t-on que, « seul de tous les animaux », l'homme « a cette liberté de l'imagination et ce deresglement de pensées, luy representant ce qui est, ce qui n'est pas et ce qu'il veut, le faux et le veritable » ? Le bel avantage, rétorque-t-il, « bien cher vendu », d'où naissent pour l'homme des maux que les animaux ont la chance d'ignorer : « peché, maladie, irresolution, desespoir » (p.460). Nous avons tort de croire que les bêtes font par « inclination naturelle et forcée » ce que nous accomplissons librement. « Nous devons conclure de pareils effects pareilles facultez. » (p.460) Et juger, par exemple, de la finesse du renard de Thrace, qu'elle procède d'un véritable raisonnement. D'autre part, s'agissant de justice, de force, de discernement, les bêtes rivalisent sans peine avec les hommes. Loin de se montrer « incapables d'estre... instruites à nostre mode », elles peuvent « instruire autruy » (p.464). La pie et le chien dont parle Plutarque n'étaient-ils pas doués d'un « esprit bien subtil » ? Quant aux éléphants, ils « ont quel-

---

(19) Ce qui nous vaut l'une des pages les plus rabelaisiennes des *Essais* par l'abondance variée du vocabulaire (voir p.130).
(20) Montaigne conçoit globalement la nature comme identique à elle-même dans toutes ses manifestations.

que participation de religion » (p.466) (21). Au total, les animaux « produisent encore d'autres effaicts... ausquelles tant s'en faut que nous puissions arriver par imitation, que par imagination mesme nous ne les pouvons concevoir » (p.468). De telle sorte que l'on peut aisément maintenir « qu'il se trouve plus de difference de tel homme à tel homme que de tel animal à tel homme » (p.466) (22) et qu'en certains animaux existe « (a) quelque faculté plus excellente qui nous est occulte, comme il est vraysemblable que sont plusieurs autres de leurs conditions et puissances, (c) des quelles nulles apparances ne viennent jusques à nous » (p.469). Plus avisées que nous dans leurs « actions naturelles », soucieuses, comme nous, de justice, capables d'une amitié plus vive et plus constante que la nôtre, connaissant même ces « cupiditez superflues et artificielles » que recherchent nos raffinements, les bêtes nous surpassent en économie domestique, dans la pratique de la guerre, par leurs vertus de fi-

---

(21) Pour K.C. Cameron (XIV) p.13, ce passage sur les éléphants « fait penser à la description oratoire d'un dessin humoristique ayant pour sujet la messe. Nous voyons l'éléphant adoptant une attitude rêveuse et Montaigne ose établir la comparaison avec un prêtre célébrant la messe ». N'est-ce pas là trop solliciter le texte ?
(22) A propos de cette phrase, M. Baraz (XXXVI), note justement, p.52 : « Les anecdotes sur les animaux, qui occupent plus d'un tiers de l'*Apologie* semblent illustrer, à première vue, des notions assez nettement déterminées : celle de la ressemblance entre l'homme et les animaux, celle de l'excellence de l'instinct. Mais, en fait, elles traduisent surtout l'émerveillement devant l'insaisissable richesse de la nature... d'une nature créant à chaque instant le surprenant et l'imprévisible et qui n'étant, à nul égard, limitée, n'est pas accessible à l'entendement. »

félité, de gratitude, de sociabilité, de magnanimité, de conscience morale, de clémence, d'affection intelligente. Rien donc n'autorise l'homme à se considérer comme supérieur aux bêtes dans le domaine de la beauté morale. Il ne peut davantage se prévaloir d'une beauté physique — toujours difficile, au demeurant, à définir — et dont beaucoup d'animaux sont plus favorisés que nous, si l'on excepte, bien sûr, « ces divines supernaturelles et extraordinaires beautez qu'on voit parfois reluire entre nous, comme des astres soubs un voile corporel et terrestre » (p.485) (23).

Conclusion : « ce n'est pas par vray discours, mais par une fierté folle et opiniatreté que nous nous preferons aux autres animaux et nous sequestrons de leur condition et societé » (p.486). A notre « capacité de juger et connoistre », nous ne devons en propre qu'un lot vraiment peu enviable de passions, « l'inconstance, l'irresolution, l'incertitude, le deuil, la superstition, la solicitude des choses à venir, voire après notre vie, l'ambition, l'avarice, la jalousie, l'envie, les appetits desreglez, forcenez et indomptables, la guerre, la mensonge, la desloyauté, la detraction et la curiosité » (p.486). Il serait donc logique d'admettre que ce n'est pas cette « raison trouble feste » (III, 9, p.996), mais bien la grâce divine qui fonde la grandeur de l'homme. Pour en convaincre ses contradicteurs rationalistes, Montaigne entreprend alors un féroce examen critique de la connaissance où l'homme, livré à lui-même, voit, bien à tort, « une notable prero-

_____

(23) Réserve galante à l'endroit des dames et plus spécialement de la princesse qui a commandé à Montaigne cette apologie de Sebond ?

gative sur les autres animaux » (p.486). Dans le cadre de notre existence, à quoi peut nous servir cette prétendue science à laquelle notre raison humaine nous permet d'arriver ?

Vanité de la connaissance et infirmité de la raison

En fait, une telle doctrine (= le savoir) ne nous procure « aucune particuliere excellence » dans notre vie. Elle ne nous donne ni bonheur ni vertu. Le montrent bien les exemples anciens de Varron et d'Aristote et, *a contrario*, du temps même de Montaigne, l'existence de « cent artisans, cent laboureurs plus sages et plus heureux que des recteurs de l'université » (p.487), parce qu'ils ont su, eux, consentir à la nécessité. C'est de la simplicité que sont compagnes la « preud'homie (24) et l'innocence ». « La seule humilité et submission... peut effectuer un homme de bien «, tandis que « la peste de l'homme, c'est l'opinion de sçavoir » (p. 488). « Voyla pourquoy l'ignorance nous est tant recommandée par nostre religion » (ce dont les Réformés et les rationalistes feraient bien de se souvenir !). « (c) De l'obeir et ceder naist tout'autre vertu, comme du cuider (25) tout peché » surenchérit un ajout manuscrit.

Si, comme le reconnaissent « tous les philosophes de toutes sectes », le souverain bien gît dans

(24) Une des qualités essentielles auxquelles, selon Montaigne, l'homme doit tendre. Cf. III,12,p.1059: Montaigne l'aime « née en nous de ses propres racines par la semence de la raison universelle empreinte en tout homme non desnaturé ».

(25) Sur l'importance de cette notion chez Montaigne, voir R. Lebègue, *Le cuyder avant Montaigne et dans les Essais*, C.A.I.E.F. 1962, p.275.

« la tranquillité de l'ame et du corps », nous n'a-
vons, hélas, eu, semble-t-il, en partage « pour la
consolation de nostre estat miserable et chetif » (p.
489) que la présomption, que « du vent et de la fumée «, qu'« une sote vanité » qui nous conduit à
vouloir nous « apparier à Dieu ». Tant il est vrai
que, dans son orgueil insensé, « l'homme fera tousjours de ses œufs poules » et qu'il convient donc,
pour le ramener à une juste idée de sa véritable valeur, de le « mettre en chemise » (p.490), de lui
montrer que, loin d'être semblable à Dieu, le soi-
disant sage n'a même pas la force morale des igno-
rants, ni le bonheur serein des simples. A telle enseigne que « la science mesme nous rejette entre les
bras (de l'ignorance) quand elle se trouve empes-
chée à nous roidir contre la pesanteur des maux »
(p.494). Plus agréable dans la simplicité de l'inscience (26) (qui se distingue nettement de
« l'ignorance abecedaire »), la vie y est aussi plus
innocente et moralement meilleure. En rendent
témoignage, à travers le temps comme à travers
l'espace, et l'exemple de Lycurgue à Sparte et les
révélations de ceux qui reviennent du Nouveau
Monde, où « les nations, sans magistrat et sans loy,
vivent plus legitimement et plus regléement que les
nostres ». D'ailleurs, les chrétiens savent tout particulièrement que « le soing de s'augmenter en sagesse et en science, ce fut la premiere ruine du genre
humain ; c'est la voye par où il s'est precipité à la
damnation eternelle » (p.498). Conséquence de

---

(26) Pour une réflexion sur cette notion plurivalente, qui
est au centre de la pensée de Montaigne, cf. M. Baraz
(XXXVI), p.89-168.

l'orgueil, la « curiosité » entretient à son tour cet orgueil. Socrate ne pensait pas autrement « dont la meilleure doctrine estoit la doctrine de l'ignorance et *la* meilleure sagesse, la simplicité » (p.498). Opinion qui rejoint « la saincte parole » et qui devrait nous interdire de nous « enquerir trop curieusement de Dieu et des causes premieres des choses ». « C'est à Dieu seul de se cognoistre et d'interpreter ses ouvrages. » (p.499) La conception anthropomorphique que nous avons de la divinité n'a nulle valeur et « la participation que nous avons à la connoissance de la verité » ne doit rien à nos « propres forces ». « Dieu nous a assez (= pleinement) appris cela par les tesmoins (= les apôtres) qu'il a choisi du vulgaire, simples et ignorans, pour nous instruire de ses admirables secrets : nostre foy, ce n'est pas nostre acquest, c'est un pur present de la liberalité d'autruy (= de Dieu) ». « Si c'est par l'entremise de nostre ignorance plus que de notre science que nous sommes sçavans de ce divin sçavoir » (p.500), c'est bien la preuve que « nos moyens naturels et terrestres » (p.500), pas plus qu'ils ne peuvent nous assurer bonheur et sagesse, ne sont capables de nous faire découvrir aucune vérité surnaturelle.

Au vrai et « enfin », sont-ils capables de quoi que ce soit ? Nous voici revenus au cœur du problème, qui — Montaigne le répète — est double. La « queste » de l'homme depuis tant de siècles l'a-t-elle « enrichy de quelque nouvelle force et de quelque verité solide » ? L'homme a-t-il, en droit, la « puissance de trouver ce qu'il cherche » ? (p.500).

Sur la question de fait, il faut bien confesser que « d'une si longue poursuite » l'homme n'a rien

retiré que « d'avoir appris à reconnoistre sa foiblesse ». Les plus grands philosophes – Montaigne laisse là le peuple et ne veut prendre l'homme « qu'en
sa plus haute assiete » –, ceux en qui « loge la hauteur extreme de l'humaine nature » n'ont pas été
exempts de « maladies et de defauts » dans leur recherche « de la verité, la science, la certitude » (p.
502). Sans doute, les dogmatistes (« Peripateti-
ciens, Épicuriens, Stoïciens et autres ») ont-ils pensé posséder une science certaine, mais il est « aysé
à descouvrir que la pluspart n'ont pris le visage de
l'asseurance que pour avoir meilleure mine » (p.
507) : l'obscurité dont ils enveloppent leurs solu-
tions, la « diversité et variation » de leurs « fantasies » (= opinions) sont des preuves éclatantes de
leur échec. Les philosophes de la Nouvelle Académie, Carnéade et son successeur, Clitomaque (27),
ont, de leur côté, estimé, qu'il fallait se remettre à
chercher la vérité, mais ils ont, finalement, désespé-
ré d'une quête qui, à leurs yeux, dépassait les moyens humains. Enfin, Pyrrhon et les philosophes de
l'Ancien Scepticisme, « Skeptiques ou Epechis-
tes » (28), reconnaissent, quant à eux, leur igno-

_____

(27) Voir A. Brochard (XL), qui divise en quatre parties son
étude du Scepticisme : 1) L'Ancien Scepticisme, pratique et
moral (Pyrrhon et Timon) ; 2) Le Probabilisme de la Nouvelle Académie (Arcésilas, Carnéade, Clitomaque, Philon) ;
3) Le Scepticisme dialectique (Aenisédème et Agrippa) ;
4) Le Scepticisme empirique (Ménodote et Sextus Empiricus).
(28) « Les disciples de Pyrrhon se donnaient le nom de _zé-
tétiques_, parce qu'ils cherchent toujours la vérité ; de _scep-
tiques_, parce qu'ils examinent toujours sans jamais trouver ;
d'_éphectiques_, parce qu'ils suspendent leur jugement ;
d'_aporétiques_ parce qu'ils sont toujours incertains, n'ayant
pas trouvé la vérité » (V. Brochard, _op.cit._, p.56).

rance, une « ignorance qui se sçait (29) » (p.502), qui les fait toujours chercher la vérité, parce qu'ils « jugent que ceux qui pensent l'avoir trouvée se trompent infiniement et qu'il y a encore de la vanité trop hardie en ce second degré qui asseure que les forces humaines ne sont pas capables d'y atteindre » (p.502).

De ces « trois generales sectes de Philosophie », c'est assurément la dernière qui a les préférences de Montaigne. Celui-ci saisit très bien en effet ce qu'il y a de profond dans le Pyrrhonisme : « Or cette assiette de leur jugement, droicte et inflexible, recevant tous objects sans application et consentement, les achemine à leur Ataraxie (30), qui est une

---

(29) Nous retrouvons ici le topos de la *docta ignorantia* qui venant de Saint Augustin et du Pseudo-Denys avait été renouvelé notamment par Nicolas de Cuse (Villey n'a pas trouvé dans les *Essais* d'indication d'une lecture de la *Docta ignorantia* de N. de Cuse, mais Busson pense que Montaigne connaissait cette œuvre de réputation). Pour Montaigne, nous ne savons que notre ignorance : sagesse qui procède de la prise de conscience d'une crise réelle de la connaissance. Cf. E. Vansteenbergue, *Autour de la docte ignorance*, Munster, 1915 et Eugène F. Rice jr, *The Renaissance idea of Wisdom*, Harvard U.P., 1958, pp.19-27.

(30) On discute encore pour savoir si c'est l'ataraxie ou l'apathie qui fut, d'après Pyrrhon, le but suprême de la vie. Au delà de cette querelle verbale, il est certain que, pour Pyrrhon, l'essentiel est de considérer que rien dans notre existence n'est ni un bien assuré ni un mal certain, car c'est là le moyen de s'épargner toute cause de trouble.

Montaigne a inséré juste avant ce texte de (a) sur l'ataraxie un ajout de (c), pris aux *Academica* de Cicéron, IV, 57, où il présente (en opposition avec la suspension pyrrhonienne du jugement) la *catalepsis* stoïcienne. Sur cette notion importante du stoïcisme, cf. F.M. Sandbach, *Phantasia Kataleptike*, in *Problems of Stoïcism*, ed. A.A. Long, Londres, Athlone Press, 1971.

condition de vie paisible, rassise, exemple des agitations que nous recevons par l'impression de l'opinion et science que nous pensons avoir des choses.» (p.503) « Il n'est rien, ajoute-t-il, en l'humaine invention où il y ait tant de verisimilitude et d'utilité » (p.506) qu'en la doctrine de Pyrrhon, qui affirme la précellence civile et religieuse de « l'homme nud et vuide, recognoissant sa foiblesse naturelle, propre à recevoir d'en haut quelques force estrangere, desgarny d'humaine science et d'autant plus apte à loger en soy la divine, aneantissant son jugement pour faire plus de place à la foy (c) ny mescreant, (a) ny establissant aucun dogme contre les observances communes ; humble, obeissant, disciplinable, studieux, ennemy juré d'haeresie et s'exemptant par consequent des vaines et irreligieuses opinions introduites par les fausses sectes. (b) C'est une carte blanche preparée à recevoir du doigt de Dieu telles formes qu'il luy plaira y graver » (p.506).

Le scepticisme est donc l'attitude philosophique qui prépare le mieux à la foi, puisqu'elle nous ôte cette vanité anthropomorphique de « vouloir deviner Dieu par nos analogies et conjectures, le regler et le monde à nostre capacité et à nos loix » (p.512). Suivent vingt-huit thèses, pour le moins surprenantes, sur la nature de Dieu : écho ridicule de l'incroyable « (c) tintamarre de tant de cervelles philosophiques » (p.516), témoignage assuré de « la merveilleuse yvresse de l'entendement humain ». Au vrai, « dans ce petit caveau » où l'homme est logé (p.523), la raison humaine, laissée à ses seules forces, ne peut exprimer Dieu, ni le comprendre. Dieu n'est en rien notre « confraire ou concitoyen ou compaignon ». Nous ne pouvons que croire en lui, reconnaissant avec humilité qu'il ne nous a pas « mis en mains les clefs et derniers ressorts de sa puissance » (p.523) et qu'il n'est pas « bon d'enfermer la puissance divine soubs les loix de nostre parolle », car « nostre parler a ses foiblesses et ses defauts, comme tout le reste » (p.527). Intervient ici une intéressante critique du langage, instrument très imparfait de communication. Parlant des philosophes pyrrhoniens qui, pour exprimer pleinement leur doute, ne peuvent recourir à un langage « tout formé de propositions affirmatives », Montaigne se rend compte de la nécessité où ils se trouvent — et lui avec eux — de se forger un nouveau langage (31) et c'est alors la fameuse formule du *Que scay-je ?* : (b) « Cette fantaisie (je doute, j'ignore) est plus seurement conceuë par interrogation : Que scay-je ? comme je la porte à la devise d'une balance. » (p.524) Pour parler de Dieu, il faudrait un langage divin. Les hommes, au rebours, par « fole fierté » de langage humain, ramènent Dieu à leur mesure, « devenus fols, cuidans estre sages » et changeant « la gloire de Dieu incorruptible en l'image de l'homme corruptible » (p. 529).

Ignorant du domaine métaphysique, l'homme a-t-il, du moins, « quelque peu plus de clarté en la cognoissance des choses humaines et naturelles » ? (p.536). Là encore, il y a bien « des choses en nostre cognoissance qui combattent ces belles regles

---

(31) Voir H.H. Ehrlich (LV), p.105. Dans une perspective plus générale cf. Michel Foucault, *Les mots et les choses*, Paris, Gallimard, 1968.

que nous avons taillées et prescrites à nature » (32)
(p.526). En fait : « (c) nature n'est rien qu'une
poesie œnigmatique (33) » (p.536). Nous n'enten-
dons rien au « mouvement des planettes » et « la
cognoissance de ce que nous avons entre mains est
aussi esloignée de nous et aussi bien au dessus des
nues que celle des astres » (p.538). Dès lors, ceux
qui trouvent les raisons de Sebond « trop foibles »,
qui prétendent eux-mêmes ne rien ignorer, ont-ils
conscience des « difficultez qui se presentent à
cognoistre leur estre propre ? » (p.538) Il est à
craindre que non et qu'ils se contentent de suivre
« des creances anciennes », en les « plastrant et
confortant de tout ce que peut leur raison », qui
est « un util souuple, contournable et accommoda-
ble à toute figure » (p.539)... « une touche pleine
de fauceté, d'erreur, de foiblesse et defaillance »
(p.541) dont le rôle n'est pas de discerner la vérité,
mais de réduire les prétendues vérités à ce qu'elles
sont : de simples opinions. Si nous examinons « ce
que l'humaine raison nous a appris de soy et de
l'ame » (p.542), nous ne pouvons que constater
la multiplicité et le ridicule des thèses relatives
à la nature de l'âme, à son siège, à sa destinée.

---

(32) Cf. M. Baraz (XXXVI) p.63 : « L'un des meilleurs titres d'originalité (de Montaigne) est d'avoir préféré à la connaissance de la nature la consonance avec elle ; sur le plan
de l'expression littéraire, cette attitude se manifeste comme
création indéfinie de métaphores, sur le plan éthique comme acceptation reconnaissante de tout ce que crée la nature. »
(33) Dans le *Second Alcibiade*, Platon indique en réalité
que toute poésie est, par nature, énigmatique. C'est la traduction de Marsile Ficin, mal interprétée, qui est à l'origine
de l'erreur commise par Montaigne.

Tout « un denombrement d'opinions » diverses, « accusans leurs autheurs non tant d'ignorance que d'imprudence (= sottise) », « voyla les belles et certaines instructions que nous tirons de la science humaine sur le subject de nostre ame » ! (p.556)

Et comme « il n'y a point moins de temerité en ce qu'elle nous apprend des parties corporelles » (p.556) (34), « en voyla assez pour verifier que l'homme n'est non plus instruit de soy en la partie corporelle qu'en la spirituelle » (p.557). Ayant ainsi « proposé » l'homme à lui-même et sa raison à sa raison, pour montrer combien cette raison (qui divise, au lieu de réaliser, en un discours univoque, l'accord des esprits) s'entendait peu en elle-même, Montaigne s'adresse alors à la personne pour laquelle il a pris la peine « d'estendre un si long corps, contre *sa* coustume ».

L'Avertissement à la Princesse

Afin de l'avertir que les armes auxquelles il va désormais recourir (35) sont dangereuses, que « ce dernier tour d'escrime icy, il ne le faut employer que comme un extreme remede », comme une botte secrète dont « il se faut servir rarement et reservéement ». Montaigne va, en effet, « secouer les li-

---

(34) Montaigne en choisit « un ou deux exemples, car autrement nous nous perdrions dans cette mer trouble et vaste des erreurs medicinales ».

(35) Nous croyons que l'Avertissement vise la fin du traité. Après « en *voyla* assez » (p.557) qui reprend les idées exprimées précédemment par Montaigne, l'Avertissement annonce « ce dernier tour d'escrime *icy* » et constate : « Nous secouons *icy* » (p.558).

mites et dernieres clostures des sciences » (p.558) :
après avoir montré que, dans sa dénéantise, à cause
de l'infirmité de sa raison, l'homme ne sait rien de
l'infinie variété des phénomènes envisagés dans
l'immensité de l'espace et du temps, il va prouver
que l'homme, en fait, ne peut rien savoir, qu'en dehors du révélé, il ne saura jamais rien de sûr. Non
seulement il ignore, mais il est condamné à toujours ignorer. Position extrême, que la Princesse
ne devra adopter qu'en dernière nécessité, « si
quelqu'un de ces nouveaux docteurs entreprend de
faire l'ingenieux en *sa* presence, aux depens de *son*
salut et du *sien* » (p.559). Pour les autres occa-
sions, qu'elle continue à défendre Sebond « par la
forme ordinaire d'argumenter dequoy elle est tous
les jours instruite » (p.558), gardant, en tout, la
souhaitable « moderation et attrempance ».

*De l'impossibilité d'une connaissance humaine par
suite des altérations de notre jugement*

Car l'esprit humain « est un util vagabond dangereux et temeraire » auquel « il est malaisé de
donner bornes » (p.560). Sans doute, n'est-ce pas
là une raison pour renoncer à croire à la possibilité
d'une progression relative vers « une connaissance
provisoire que forment et transforment les sonda-
ges tâtonnants du sujet apercevant » (36), mais il
serait vain de penser que l'homme qui ne se connaît pas puisse, un jour, connaître, de façon cer-

---

(36) Philipp E. Lewis, *Apologie d'une connaissance vécue,*
« L'Esprit créateur », 1968, p.226.

taine, « ses fonctions et ses forces » (p.561) et arriver à une vérité assurée.

Le probabilisme de la Nouvelle Académie n'offre pas de solution acceptable, car comment, sans connaître la vérité, admettre qu'une opinion est plus vraisemblable qu'une autre parce qu'elle se rapproche plus de la vérité ? Mieux vaut penser, avec les Pyrrhoniens, que même la « faculté de se pouvoir incliner plustost à une apparence qu'à un' autre » est aussi interdite à l'homme que la connaissance elle-même de la vérité. Trois arguments militent en faveur du scepticisme. D'une part, nous ne pouvons entrer en contact avec les choses telles qu'elles sont. D'autre part, les contradictions surprenantes des philosophes — qui ne sont même pas tous d'accord pour reconnaître que le ciel est sur notre tête — doivent nous inciter à une extrême prudence. Enfin, l'instabilité de nos opinions nous interdit toute certitude. La dernière opinion à laquelle nous nous arrêtons n'est-elle pas toujours la meilleure ? Or l'expérience nous apprend pourtant que, dès le lendemain, nous la rejetterons. L'homme, en réalité, ne peut se fier qu'« (b) aux choses qui nous viennent du ciel, (qui) ont seules droict et auctorité de persuasion, seules, marque de verité » (p.563). Pour le reste « ce ne sont pas seulement les fievres, les breuvages et les grans accidens qui renversent nostre jugement, les moindres choses du monde le tournevirent » (p.564), ne le laissant pas « une seule heure en la vie... en sa deuë assiete ». De sa propre « volubilité », Montaigne a fait souvent l'expérience. Il sait « quelles differences de sens et de raison, quelle contrarieté d'imaginations nous presente la diversité de nos passions » et il prend plaisir à noter que « nous nous amendons (= devenons plus clairvoyants) par la privation de nostre raison et son assoupissement » (p.568). D'où, par peur de perdre au change et par incapacité de choisir lui-même, sa résolution de s'en tenir « en l'assiette où Dieu *l*'a mis », se conservant « entier, sans agitation et trouble de conscience aux anciennes creances de *sa* religion » (p.569). Et Montaigne d'invoquer, alors, le caractère transitoire des hypothèses. On croyait au système de Ptolémée avant la révolution copernicienne, mais qui sait si, avec le temps, l'opinion de Copernic satisfera encore l'esprit humain ? (37) Avant que les principes d'Aristote — que l'on suit volontiers au XVIe siècle — fussent introduits, d'autres contentaient fort bien la raison humaine (p.570). La médecine, comme l'astronomie, s'appuie sur une longue tradition, mais « un nouveau venu, qu'on nomme Paracelse (1493-1541), change et renverse tout l'ordre des regles anciennes et maintient que, jusques à cette heure, elle n'a servy qu'à faire mourir les hommes ». Battues en brèche, aussi, de vénérables théories sur les mouvements des vents et cette premiere proposition d'Euclide, contestée par Jacques Peletier dans la maison même de Montaigne. Il faut, certes, convenir que telle ou telle opinion humaine a quelque semblant de vérité, que, dans certaines nations, qui ignorent

---

(37) Même s'il apprécie qu'en remettant, après Aristarque, la terre en branle, Copernic dépossède l'homme de sa place centrale, Montaigne ne voit aucune raison de le préférer à Ptolémée. Sur l'originalité de la conception de Copernic, cf. A. Koyré, *Du monde clos à l'univers infini*, Paris, P.U.F., 1962, p.39.

tout de nous, se trouvent des croyances très proches des nôtres, mais «ces vains ombrages de nostre religion» (p.574) témoignent plus de «(c) la dignité et (a) et divinité» de la religion chrétienne que d'une force naturelle de la raison humaine. En réalité, nos facultés intellectuelles dépendent de l'enchaînement universel des mouvements dans l'unité d'un monde où tout est divers: «Si nature enserre dans les termes de son progrez ordinaire, comme toutes autres choses, aussi les creances, les jugemens et opinions des hommes, si elles ont leur revolution, leur saison, leur naissance, leur mort, comme les choses, si le ciel les agite et les roule à sa poste, quelle magistrale authorité et permanante leur allons nous attribuant?» (p.575) Ainsi, comme nous l'apprend cette addition de 1582, on pourrait concevoir une sorte d'histoire naturelle des opinions, qui se développeraient «comme des choux», en dehors de toute consideration de vérité ou de fausseté. Impuissantes donc à s'imposer à nous, qui ferions mieux d'asseoir nos jugements sur l'expérience. Cette expérience à laquelle Montaigne va de plus en plus longuement faire appel à la fin de cet essai, qui lui a fait constater nos variations en fonction des conditions géographiques et climatiques, qui lui a appris aussi qu'« un homme sage se peut mesconter (= tromper) et cent hommes et plusieurs nations » et que « l'humaine nature, selon nous, se mesconte plusieurs siecles en cecy ou en cela » (p.576). Comment, dès lors, douter encore de l'imbecillité (= faiblesse) de cet homme qui, « par desir mesmes », ne sait pas « trouver ce qu'il luy faut » ? Et comment ne pas suivre la sagesse des chrétiens quand ils supplient Dieu « que sa volonté soit faite » ? Sur la question du souverain bien de l'homme (dont Montaigne parle aussi, dans les mêmes termes au chapitre I,53, *D'un mot de César*), Varron n'avait pas dénombré moins de deux cent-quatre-vingt-huit sectes, dont aucune, évidemment, ne peut prétendre à la vérité. L'histoire des variations de ces sectes mériterait d'être écrite par un Juste-Lipse : « le bel ouvrage et utile que ce seroit ! » (p.578) Et qui montrerait quelle obligation nous devons avoir : «(c) à la benignité de nostre souverein creatur pour avoir desniaisé nostre creance de ces vagabondes et arbitreres devotions et l'avoir logée sur l'aeternelle base de sa saincte parolle » (p.579). Car, en la matière, le seul conseil de la philosophie, c'est d'inviter l'homme à suivre les lois de son pays. Plaisante recommandation, si l'on songe « qu'il n'est chose en quoy le monde soit si divers qu'en coustumes et loix ». «(c) Quelle verité que ces montaignes bornent, qui est mensonge au monde qui se tient au delà ? » (p.579)(38)

On peut croire, il est vrai, avec les philosophes dogmatiques, qu'il y a un certain nombre de lois naturelles en nous « (b) comme il se voit es autres creatures » (p.580). Mais sur le nombre de ces lois naturelles, les philosophes ne sont même pas d'accord et ils sont bien incapables d'en citer une « universellement receuë par le consentement de toutes les nations ». C'est qu'en nous ces lois universelles sont perdues...,«(b) cette belle raison

---

(38) On notera le caractère concret de l'image, à laquelle Pascal saura donner encore une simplicité plus nerveuse : « Plaisante justice qu'une riviere borne... Verité au deçà des Pyrenées, erreur au delà. »

humaine... pot à deux anses, qu'on peut saisir à gauche et à dextre...,s'ingerant partout de maistriser et commander, brouillant et confondant le visage des choses selon sa vanité et inconstance ». Ainsi, il n'y a pas de souverain bien ; il n'y a plus de loi naturelle en l'homme et nos lois ne prennent leur autorité que « de la possession et de l'usage » (p.583). Toute obligation morale est fortuite, relative, contingente. Voilà l'homme bien desemparé ! Peut-il, au moins, s'en rapporter aux sens, par lesquels « toute cognoissance s'achemine en nous » (p.587), qui « sont le commencement et la fin de l'humaine cognoissance » ? Encore faudrait-il être sûr que « l'homme soit pourveu de tous sens naturels » (p.588). Nous en avons cinq à partir desquels nous nous sommes forgé une vérité purement humaine, « mais à l'advanture falloit-il l'accord de huit ou de dix sens et leur contribution pour l'appercevoir certainement et en son essence » (p.590). D'ailleurs, comment oublier les illusions de notre perception ? L'écho nous fait croire qu'un bruit retentit devant nous, alors qu'il vient de derrière. Nos doigts croisés nous font sentir « deux balles d'arquebouse » là où il n'y en a qu'une. L'homme pris de vertige (39), loin de comprendre qu'il ne court aucun risque réel, se représente l'image de sa chute dont il éprouve déjà physiquement les effets.

---

(39) C'est le fameux exemple burlesque du philosophe suspendu dans une cage « en menus filets de fer clersemez » au sommet des tours de Notre Dame, à Paris. Montaigne, qui y dénonce plus les erreurs de l'imagination que celles des sens, l'accompagne de deux expériences moins fantaisistes (l'ascension de certains clochers ajourés et la marche sur une large poutre entre deux tours) et de souvenirs personnels sur le vertige dont il souffre en montagne.

« Vrayement, il y a bien dequoy faire si grande feste de la fermeté de cette belle piece (= notre jugement) qui se laisse manier et changer au branle et accidens d'un si leger vent » (p.595). Anticipant sur Calderon et Descartes, Montaigne constate que « (b) ceux qui ont apparié nostre vie à un songe, ont eu de la raison, à l'avanture, plus qu'ils ne pensoyent ». « (c) Nous veillons dormans, et veillans dormons » (p.596).

Autre chose : « Si les sens sont noz premiers juges, ce ne sont pas les nostres qu'il faut seuls appeler au conseil, car en cette faculté les animaux ont autant ou plus de droit que nous. » (p.596) « Il n'est pas dict que l'essence des choses se rapporte à l'homme seul. » (p.597) « Pour le jugement de l'action des sens, il faudroit donc que nous en fussions premierement d'accord avec les bestes, secondement entre nous mesmes, ce que nous ne sommes aucunement. » (p.598) Comme « rien ne vient à nous que falsifié et alteré par nos sens » (p.600), incomplets, trompeurs, trompés, et que notre raison est incapable de lever nos incertitudes, « nous voila au rouet » (p.601). « Finalement il n'y a aucune constante existence, ny de nostre estre, ny de celui des objects. » (p.601) L'unité d'une nature se dissout dans l'éparpillement des instants (40) : « Et nous, et nostre jugement et toutes choses mortelles vont coulant et roulant sans cesse. » (p.601) (41) Aussi, la variation cons-

(40) On lira, avec profit, le chapitre IV : *Conditions de la connaissance* du petit livre de J.Y. Pouilloux (LXXX), p. 63-81.
(41) Sur les acceptions des mots *être, existence, essence, substance*, dans les *Essais*, cf. F. Joukovsky (LXVI), pp.13-17.

tante de nos opinions (car nos prétendus jugements, ne prenant appui tant du côté du sujet
que du côté de l'objet que sur l'inconstance se ramènent à des opinions) en fonction des fluctua-
tions physiologiques et affectives nous interdit-elle
toute communication à «l'être» considéré dans sa
persistance. Toute tentative pour connaître la nature essentielle des êtres relève de la présomption ;
elle est par là même condamnée à l'échec (42),
car notre raison est tout aussi impuissante à
atteindre l'être que ne le sont nos sens : « Si, de
fortune, vous fichiez vostre pensée à vouloir prendre son estre, ce ne sera ne plus ne moins que qui
voudroit empoigner l'eau : car tant plus il serrera
et pressera ce qui de sa nature coule par tout, tant
plus il perdra ce qu'il vouloit tenir et empoigner. »
(p.601) Faute d'instruments gnoséologiques assu-
rés, nous ne connaissons que les phénomènes (43),
les apparences, « prenans ce qui apparoit pour ce
qui est, à faute de bien sçavoir que c'est qui est »
(p.603) (44). Illusion ontologique qui nous fait
croire que nous sommes des « êtres », que nous
pouvons saisir du permanent, du subsistant, alors

---

(42) Cf. R.A. Sayce (LXXXIV) « The *Apologie*... concludes
with the impossibility of Knowing anything in any way
which can be called philosophically valid » p.171.
(43) Et jamais les *nouménes*, pour reprendre le vocabulaire
Kantien. Cf. René Bernoulli, « Que Sais-je ? » B.S.A.M. 5è
série n° 16, 1975, pp.15-34.
(44) Comme le note F. Joukovsky, *op.cit.*, p.211, pour
Montaigne : « Le passé et l'avenir sont des inventions de
notre esprit..., une perversion du temps primitif, qui était
un présent répété, non sans analogie avec l'éternel présent
de l'être divin. »

que, comme le montre bien la philosophie du flux
d'Héraclite (p.602) nous devenons toujours autres
et nous mourons continuellement, sans jamais être
vraiment. « Mais qu'est ce donc qui est veritablement ? (45) Ce qui est eternel, c'est à dire qui n'a
jamais eu de naissance ny n'aura jamais fin. (46) »
« Dieu seul est » (p.603). Dieu, à qui l'homme
doit, impérativement, demander son aide, s'il
veut sortir de sa misère, car, par lui-même, il ne
peut rien. La fin de l'*Apologie* est particulièrement éclairante à cet égard. Dans le texte de
1580, Montaigne reprenait un passage de la préface du livre premier des *Questions Naturelles*
de Sénèque : « O la vile chose, dict-il, et abjecte
que l'homme, s'il ne s'eslève au dessus de l'humanité. » Il suivait ainsi la morale stoïcienne de l'effort sur soi-même. Mais un ajout manuscrit déclare cette affirmation « absurde » (p.604) « sou-
lignant avec d'autant plus de force ce que Montaigne (si contradictoirement) avait déjà dit dans
la première version, savoir que l'homme ne peut
s'élever au-dessus de son humanité, si Dieu ne
l'aide pas » (46). « Divine et miraculeuse metamorphose » (47) (p.604) à laquelle seule « nostre foy
Chrestienne » peut prétendre. Tout est là : que

---

(45) Dieu est « Celui qui est ». Conception platonicienne de
Dieu que Montaigne retrouvait chez Saint Augustin. Tout le
passage (pp.601-603) emprunté littéralement à Plutarque
(*Que signifioit ce mot Eï*), qui suit lui-même Aenisédème
résume le *Timée*. L'image de l'eau que l'on veut empoigner
avec la main se retrouve chez Plutarque (*Des communes
conceptions contre les Stoïques* : analyse de Chrysippe).
(46) H. Friedrich (LVIII) ch. III, *L'homme humilié*, p.107.
(47) Ces dernières lignes de l'*Apologie* ont une résonance
augustinienne profonde.

CHAPITRE III

MONTAIGNE ET L'APOLOGIE

I – A la recherche d'un plan de « l'Apologie »

Les principaux critiques (1) qui se sont occupés de *l'Apologie* ont proposé des plans de ce long essai. Les points de vue adoptés ne sont pas toujours les mêmes (2), mais les différences entre ces plans

(1) Entre autres : P. Villey (LXXXIX) t.II, p.185 ; H. Janssen (LXV), Appendice ; G. Lanson (LXVII) pp.134-158) ; F. Strowski (LXXXVI) pp.157-158 ; J. Plattard, *État présent des études sur Montaigne*, Paris, Belles-Lettres, 1935, pp.XX-XXV, D. Frame (CV) pp.324-325 ; A. Thibaudet (LXXXVIII), pp.283-284, n.2 ; M. Dreano (LIII) pp.237-269 ; O. Naudeau (LXXVI) pp.60-64.
(2) L'abbé Gierczynski (CIX) distingue trois parties précédées d'un préambule : la partie naturaliste, où Montaigne présente son anthropologie ; la partie centrale, consacrée à la problématique religieuse ; enfin, la critique de la connaissance. Dans ces parties, l'auteur retrouve les trois moments du rythme auquel obéit la pensée de Montaigne : l'éveil de l'esprit critique, la critique elle-même et le doute absolu. F. Gray (CXIV), p.137, estime, lui, que Montaigne a articulé son essai autour de quatre pivots : l'homme en tant que lecteur ; l'homme et les animaux ; l'homme en tant que philosophe ; l'homme et Dieu.
E. Limbrick, quant à elle, met l'accent sur la structure paradoxale de cet essai, au titre lui-même paradoxal.

tiennent, assez souvent, à l'interprétation donnée à l'*Avertissement*, compris tantôt comme renvoyant à ce qui précède (3), tantôt comme annonçant ce qui suit (4). C'est à cette dernière position — nous l'avons dit — que nous nous rallions (5). D'où l'essai de plan que nous avançons à notre tour.

1 — Une affirmation de principe (pp.438-439) : La science est utile, mais sa valeur est surestimée.

2 — La défense de R. Sebond (pp.439-449)
    a) *La Théologie Naturelle.* Sa traduction par Montaigne (pp.439-440)
    b) *Une première objection (chrétienne) faite à Sebond* : on ne devrait pas se servir de la raison humaine pour prouver les vérités de la religion (p.440).
    Réponse : C'est, certes, la foi seule qui « embrasse vivement et certainement les hauts mysteres de nostre Religion », mais, un chrétien, muni de sa foi, peut, avec sa raison, faculté ancillaire, chercher dans l'Univers les marques de divinité que la bonté divine y a mises et qui s'ac-

---

(3) C'est l'avis, notamment de P. Villey, de G. Lanson, de J. Plattard et de P. Porteau.
(4) Vont dans ce sens F. Strowski, D. Frame et M. Dassonville.
(5) Pour nous, le mouvement de la partie principale de l'*Apologie*, celle qui suit la rapide défense de Sebond, est celui-ci :
1 — l'homme ne sait rien de sûr (Le savoir vain)
2 — l'homme ne saura jamais rien de certain (l'impossible savoir).

cordent avec notre croyance (pp.440-448).

c) *Une seconde objection (dogmatique)* : Les arguments de Sebond ne sont pas irréfragables (p.448).

Réponse : Si les arguments de Sebond sont insuffisants aux yeux des rationalistes, qui prétendent les « choquer ayséement », ceux-ci sont-ils en mesure « avec les chetives armes de leur raison » de lui en opposer de plus convaincants ? Bien plus, est-il, en fait, en la puissance de l'homme « d'arriver à aucune certitude par argument et par discours » (p. 449).

Se trouve ainsi posé le problème des capacités de l'intelligence humaine, auquel Montaigne va s'attaquer avec les seules armes de ses adversaires.

3 — Une démolition en trois passes de l'humaine présomption (p.449-603)

a) *Vanité de l'homme sans Dieu* (pp.449-486)

I — La création n'a pas été faite pour l'homme et il n'en est pas le souverain (charge contre l'anthropocentrisme), pp.449-452.

2 — L'homme n'est ni meilleur ni pire que les animaux (apologie des facultés rationnelles chez les animaux) pp.452-486.

.b) *Vanité de la science et infirmité de la raison : l'homme ne sait rien de sûr* (pp. 447-557)

    1 – Le savoir humain ne peut rendre l'homme ni heureux (pp.487-497) ni moralement meilleur (pp.497-500).

    2 – Ce prétendu savoir humain que produit notre raison ne nous apporte aucune connaissance ni de Dieu, ni d'un monde où tout est divers, ni de nous-mêmes (corps et âme) pp.500-557.

– *L'Avertissement à la Princesse* : ce qui va suivre n'est qu'un « preservatif à l'extreme necessité » (pp.557-559).

c) *D'une impossibilité radicale de toute « science » humaine : l'homme ne peut rien savoir d'absolument vrai par lui-même* (p.559-603).

    1 – « Les moindres choses du monde tournevirent » notre jugement. Nos opinions sont variables ; nos lois, circonstancielles (pp.559-587).

    2 – Nos sens, « commencement et fin de l'humaine cognoissance », sont des instruments imparfaits, trompeurs, abusés (pp.587-601).

    3 – Notre raison ne peut pas plus que nos sens atteindre l'être dans sa persistance, à l'intérieur d'un monde où toutes choses, y compris l'homme,

sont « subjectes à passer d'un changement en autre » (pp.601-603).

4 – L'homme, en perpétuelle mutation,
ne peut connaître la seule réalité im-
muable : Dieu (p.603).

4 – Conclusion : L'homme, livré à lui seul, est
misérable, mais il peut s'élever, si renonçant à l'orgueil de s'appuyer sur ses propres moyens, il se laisse « hausser » par la grâce divine.

II – Repères chronologiques et circonstances de la rédaction

Nous ne savons avec certitude ni quand ni comment Montaigne composa l'*Apologie*. La critique
ne croit guère que, tel qu'il apparut dans l'édition
de 1580, cet essai si complexe avait été rédigé d'un
seul tenant. Elle s'interroge, d'autre part, avec insistance sur la signification réelle de ce chapitre au
plan déséquilibré, dont on dit volontiers qu'il constitue une « curieuse apologie » et où l'on voit parfois une trahison pure et simple des idées de Sebond. Il faut reconnaître que la défense proprement dite du théologien catalan (6) n'occupe
– nous l'avons vu – qu'une dizaine de pages sur les
quelques cent-soixante-cinq que comprend cet essai

_____

(6) Qui n'est que très rarement mentionné : au début, lorsque Montaigne explique pourquoi il a traduit Sebond et
qu'il indique le but de la *Théologie Naturelle* ; un peu plus
loin, à propos de l'image traditionnelle de Dieu, architecte
du monde ; ensuite, quand il s'agit de l'utilité propédeutique des arguments de Sebond ; enfin, dans l'*Avertissement*
à la Princesse.

dans l'édition Villey-Saulnier. Et que le reste s'écarte manifestement du problème de la *Théologie Naturelle*, du propos principal de Sebond qui « voulait lire en clair la marque du souverain bien au grand livre de la nature » (7). La lecture de l'essai donne l'impression, comme l'écrit Friedrich, d'une « rédaction étendue sur plusieurs années, changeant plusieurs fois de direction et par suite accumulant nombre de contradictions » (8). Cette idée admise, d'une *Apologie* bâtie de développements écrits à des époques différentes, peut-on préciser davantage ?

P. Villey (9) pensait 1) que le fragment sur l'homme et les animaux, presque tout construit d'emprunts aux *Moralia* de Plutarque que Montaigne n'a bien connus que dans la traduction d'Amyot (1572), devait dater des environs de 1573. 2) que la partie qui suit l'*Avertissement* se placerait avec vraisemblance aux environs de 1576, date à laquelle Montaigne frappe sa médaille pyrrhonienne, sous l'influence de Sextus Empiricus. 3) que les passages relatifs à la vanité de la science auraient été rédigés vers 1578-1580. En tout état de cause, selon Villey, aucun fragment important ne devrait être antérieur à 1573 (10) et Montaigne aurait apporté à son essai de notables additions entre 1557 et 1580.

---

(7) M. Gutwirth (LXII) p.112.
(8) (LVIII), p.114.
(9) (LXXXIX) I, pp.364-370.
(10) Grace Norton, *Studies on Montaigne*, New York, Mac Millan, 1904, pp.1-51, estimait — à tort — que toute la première partie de l'essai n'était que de fort peu postérieure à 1569.

Jacob Zeitlin (11) s'accorde, pour le gros, avec Villey, dont il « affine » les données. Il situe entre 1573 et 1575 la comparaison entre l'homme et les animaux (pp.452-486) et le développement sur la vanité de la science (pp.487-500). Il place en 1576 l'éloge des philosophes sceptiques (pp.502-506) et la critique de nos sens (pp.587-601), inspirés par Sextus Empiricus. Il tient que ce qui concerne les variations de notre jugement remonte aussi à 1576, avec des additions en 1579. Il date l'*Avertissement* de l'hiver 1578-1579, époque où, probablement, Marguerite de Valois − si c'est vraiment elle la mystérieuse dédicataire − demanda à Montaigne d'écrire une défense de Sebond (12), que Montaigne composa en 1579, pour la placer en tête de ce qui allait être l'*Apologie*.

Ainsi, la rédaction initiale des divers morceaux de l'*Apologie* se situerait avec vraisemblance, entre 1573 et 1579. Essayons d'y voir un peu plus clair. Il est certain que, dès l'époque où il s'occupait de la *Théologie Naturelle*, Montaigne, s'il avait été séduit par l'appel que Sebond faisait à l'expérience et à l'analyse de soi dans son livre de théologie laïque, avait cru, en revanche, nécessaire d'insister sur les incertitudes et les contradictions de cette raison, dont Sebond pensait qu'elle était un moyen avancé de connaissance. Le prouve l'amplification qu'il se permet de faire à la fin du chapitre CCVIII de la *Théologie Naturelle* : « Confirmation de la

---

(11) *The Essays*, tr. anglaise, New York, Knopf, 1934-1936.
(12) Que Marguerite de Valois avait lu au temps où son frère, le roi Henri III, la retenait prisonnière au Louvre.

religion chrétienne ». Sebond s'était borné à conclure que « les incrédules n'ont aucune bonne raison à alléguer, ni pour eux-mêmes, ni contre les croyants » : « *Sequitur quod valde securum est credere in Jesum Christum... quia illi, qui non credunt, nihil possunt allegare pro ipsis et nihil habent contra ipsos qui credunt et nihil potest allegari contra ipsos.* » (p.304)

Montaigne, lui, va plus loin ; il déclare que « rejeter la foi, c'est se livrer à l'erreur, à la vanité, à l'instabilité des opinions humaines ; que c'est ouvrir les débats et les controverses sans fin et renoncer au repos et à l'assurance » (13) :

« Comparez à ceste heure la condition des Chrestiens plaine de tant de belles et grandes esperances et de tant de fiance, à celle des infideles. Comparez le repos et l'asseurance, qui est en notre ame, à la turbulente, inconstante et douteuse erreur qui tourmente et martyrise continuellement les entendemens desvoyez de ceste sainte creance, ignorans, douteux et incertains, en ce qui les concerne principalement, comme hommes : car indubitablement, ils ne s'en peuvent resoudre que par opinion imaginaire et appuyée sur des fondemens frailes, subjects à estre debatuz et controversez en mille manieres. » (II, pp.20-21)

Qu'il ait, quelques années plus tard (entre 1573 et 1575, après avoir lu les *Oeuvres morales* de Plutarque) continué sur sa lancée en rédigeant, contre la confiance manifestée par Sebond dans une raison humaine autonome, les développements sur l'homme et les animaux et sur l'impuissance du savoir à procurer le bonheur et la vertu, n'a rien que

(13) J. Coppin (LI) p.54.

très vraisemblable. Qu'en sa « saison », plus spécialement dite pyrrhonienne, aux environs de 1576, lorsqu'il était marqué par la lecture des *Hypotyposes* de Sextus Empiricus, il ait écrit les passages sur les mérites des philosophes sceptiques et, peut-être aussi, ceux sur l'imperfection de nos sens, se peut facilement admettre.

Envisageait-il, à cette époque, de composer, à partir de ces réflexions, un essai, plusieurs essais, il y aurait quelque témérité à décider sur ce point. Survient alors la requête de la princesse, à laquelle Montaigne doit répondre vite et de façon satisfaisante. Fallait-il bâtir sur nouveaux frais une Apologie du théologien catalan ? Pouvait-il utiliser à la défense de Sebond ces passages qu'à la suite de sa traduction de la *Théologie Naturelle* lui avait précisément inspirés sa défiance à l'endroit de la raison humaine ? Il semble que Montaigne se soit rallié à une solution mixte : faire précéder ses développements sur la relativité humaine de quelques pages consacrées à la réponse aux deux principales objections opposées à Sebond. Mais était-ce là propos cohérent ? N'y avait-il pas trahison à oublier si vite Sebond, à exposer si longuement des idées opposées aux prétentions de la théologie naturelle ?

III – Montaigne et Sebond

Le problème n'est pas si simple, que l'on résout trop souvent en fonction du plus ou moins de confiance accordé à la sincérité de Montaigne. Que les titres de Montaigne ne répondent pas toujours au contenu des chapitres, que Montaigne s'accorde volontiers le droit de quitter bien vite un propos initialement indiqué (14), on le reconnaîtra sans peine, mais la princesse, qui avait demandé une défense de Sebond, pouvait-elle accepter comme « apologie » un essai où son théologien aurait été mis en déroute ?

Certains critiques — dont Donald Frame — ont rapproché le titre de l'essai II,12 de l'*Apologie pour Hérodote* (1566) du protestant Henri Estienne. Celui-ci, sans se soucier — en dépit de son titre — de combattre le reproche de superstition adressé à Hérodote — qu'il ne mentionnait que huit fois dans son livre — s'était, en réalité, servi de l'historien grec pour s'attaquer à la religion de ses contemporains, des catholiques surtout. De même, Montaigne n'aurait trouvé, dans la défense proclamée d'un ouvrage où la raison était mise puissamment au service de la foi, qu'un prétexte pour une offensive acharnée contre les prétentions de la raison humaine à parvenir à quelque connaissance, a fortiori à la connaissance des choses divines. Il est possible que Montaigne ait songé au titre d'Henri Estienne et qu'il l'ait transposé — non sans malice — pour un essai où les protestants, à leur tour, sont plutôt malmenés, mais nous pensons qu'il n'y avait là aucune perfidie à l'endroit de

---

(14) C'est le cas, en particulier, dans le chapitre *De l'affection des peres aux enfants* (II,8) où, comme le remarque M. Gutwirth (CXVII) : « (Montaigne) respecte le titre sinon le propos avoué de l'essai qui est de servir de témoignage auprès du jeune d'Estissac de l'immensité du dévouement maternel de la destinataire de cet écrit. Or, comme on sait, l'essai s'achève sur un péan à la *paternité*... littéraire (qui se passe de la femme) et dénie à l'amour maternel (invariablement déraisonnable) jusqu'au statut d'un instinct. » (p.176, n.4).

Sebond et même que Montaigne a pu, sans tromperie diabolique, intituler l'essai II,12 : *Apologie de Raimond Sebond.*

D'abord, tout n'était pas pour lui déplaire dans la *Théologie Naturelle*, à commencer, nous l'avons dit, par l'appel à l'expérience et par le recours à l'analyse de soi. Lui agréait, également, le propos de Sebond qui s'employait — avec trop de simplisme peut-être — à montrer aux croyants de son époque la force que la raison acquiert lorsque la foi la guide vers cette «si supernaturelle et divine science », dont les « moyens purement humains » ne sont « aucunement capables » (p.441). Montaigne estimait, certes, que « la creance » ne pouvait jamais être remplacée par le seul raisonnement, mais Sebond n'avait pas dit le contraire, qui voulait seulement que les chrétiens de son temps pussent, contre les séductions mystiques et contre l'irrationalisme averrhoïste, « appuyer leur creance par des raisons humaines » (p.440). Sebond n'avait pas prétendu démontrer rationnellement la vérité de la religion chrétienne à ses lecteurs : c'est à des croyants qu'il s'était adressé pour les inviter à « accommoder au service de leur foy les utils naturels et humains » (p.441) que Dieu leur avait donnés. Le dessein de Montaigne est, en fait, complémentaire de celui de Sebond. Ceux qu'il vise sont les dogmatistes de toute espèce, les « nouveaux docteurs », orgueilleux d'un savoir auquel ils prêtent toute certitude, follement fiers d'une raison tenue pour un instrument assuré de connaissance : incroyants qui combattent la religion « par les armes pures humaines » (p.448), protestants qui croient qu'il faut « laisser au jugement de chacun la cognoissance de son devoir » (p.448). Aux uns et aux autres, Montaigne démontre l'impuissance de la raison humaine lorsqu'elle n'est pas guidée par la lumière de la foi. Inutile, en effet, pense-t-il, de défendre longuement devant eux — qui ne pouvaient pas les comprendre — les arguments de Sebond, destinés à des vrais croyants. Le meilleur moyen de combattre leurs erreurs, c'était de les pousser dans la voie d'un scepticisme qui fît éclater le caractère vain et nuisible de toute prétendue connaissance fondée sur le seul exercice des facultés humaines. D'où ces histoires de bêtes (15) qui visent moins à exalter l'intelligence des animaux qu'à rabaisser la présomption de l'homme. D'où le recours dangereux — car il risque d'ébranler les fondements de la croyance traditionnelle, les preuves logiques de l'existence de Dieu étant du même coup récusées — à ce dernier tour d'escrime », qui porte un coup fatal à toute possibilité de savoir humain. Dans sa charge contre la raison humaine, il arrive à Montaigne, comme l'a noté J. Coppin, d'atteindre Sebond (16), mais ce n'est pas Sebond qui est visé. Au contraire. A ceux qui estiment que la théologie naturelle est « inepte » à défendre les croyances établies par des arguments d'ordre intellectuel, Montaigne répond que la « torte » raison est effectivement incapable — et bien plus que ne le pensent

_____

(15) Montaigne ne place pas les bêtes brutes au-dessus de l'homme d'entendement, mais bien au-dessous. Cf. III, 5, p.877 : « (b) Nous mangeons bien et beuvons comme les bestes, mais ce ne sont pas actions qui empeschent les operations de nostre ame. En celles la, nous gardons nostre avantage sur elles. »
(16) Cf. Avant-Propos.

les rationalistes — d'assurer quelque vérité ; que seule la foi — qu'ils n'ont pas ou qu'ils n'ont pas assez « vive » — peut vraiment éclairer l'homme, car il n'y a pas contre elle d'appel logique, mais que, le don de la grâce une fois accepté, le chrétien doit s'aider de sa raison pour accompagner sa foi, comme le voulait Sebond. En revanche, à qui n'a pas la vraie foi, la raison ne sert de rien. Nous retrouvons ici le paradoxe augustinien du « *Crede ut intelligas. Intellige ut credas* » interprété à la manière de Montaigne : la foi doit précéder l'intelligence ; la raison naturelle doit servir de complément à l'illumination de la grâce, avec chez Montaigne cette conviction que note Michel Dassonville « *L'idée* de Dieu... ne peut... suppleer au *sentiment* de Dieu, que la foi seule engendre. »

Montaigne contre Sebond ? Assurément non. Face au dogmatisme multiforme de son temps, il entendait dresser un relativisme soucieux de la réalité humaine. Quand la Princesse lui demanda de défendre Sebond, il estima — et l'exemple de Marguerite elle-même pouvait l'y inciter — que les arguments de la *Théologie Naturelle* gardaient leur utilité. A Sebond, les dogmatistes du XVIe siècle reprochaient la faiblesse de ses raisons rationnelles. Belle occasion pour Montaigne de les confondre en leur démontrant qu'ils étaient impuissants, avec leur seule raison, d'avancer des « raisons plus fortes » que celles de Sebond (ce qui était défendre le théologien catalan) et en produisant devant eux ses propres arguments en faveur du nécessaire acte de foi (ce qui était respecter son propos initial). C'est — paradoxe supplémentaire — à partir d'une apologie loyale du rationaliste Sebond que Montaigne

CHAPITRE IV

SUR LE « SCEPTICISME » DE MONTAIGNE

Le scepticisme, de l'antiquité au XVe siècle

On peut, sans trop la trahir, résumer à grands traits l'histoire du scepticisme grec (1). Le fondateur en est Pyrrhon d'Elis (360-275 environ avant J.-C.) dont la doctrine fut d'abord reprise par son disciple Timon, puis par ses continuateurs de la Nouvelle Académie (d'origine platonicienne), comme Arcésilas (315-324 avant J.-C.) ou comme Carnéade (213-129 avant J.-C.). Ces sceptiques anciens, « pratiques » ou « probabilistes », ont en commun, ainsi que le relève Jean Beaujeu, « plusieurs traits fondamentaux : la critique acérée de toutes les philosophies qui prétendent affirmer des vérités et qu'ils appellent dogmatiques ; la négation de toute aptitude des sens aussi bien que de la raison à atteindre la vérité, la conviction que la seule attitude rigoureusement philosophique est le doute

---

(1) Signalons ici l'utile petit livre d'André Verdan, *Le scepticisme philosophique*, Paris, Bordas, 1971.

méthodique, consistant à suspendre son jugement»
(2). Telle est la position initiale de ce scepticisme
antique grec, dont Victor Brochard note justement
qu'il devait, au total, parcourir trois étapes : « Avec
Pyrrhon, il conteste la légitimité de la connaissance
sensible et de l'opinion commune. Avec Aenisédème (3), il récuse la science. Avec Agrippa, s'élevant
à un plus haut degré d'abstraction, il déclare impossible la vérité quelle qu'elle soit. C'est le dernier
mot du scepticisme dialectique. » (4) Ensuite, le
scepticisme grec ne fit, pour le gros, que « *conser-
ver* soigneusement les thèses soutenues par ses fon-
dateurs ». De fait, d'Agrippa (milieu du Ier siècle
avant J.-C. ?) et de ses successeurs à Sextus Empiricus (aux environs de 200 après J.-C.), les modifications ne sont pas sensibles.

De ce scepticisme grec, l'écho se retrouve chez
les Romains, notamment chez Cicéron qui, dans ses
Academica, ainsi qu'au début de *De natura deorum*
(I,5,II, sqq.), se réclame du probabilisme de la Nou-
velle-Académie. Dans la deuxième moitié du se-

(2) *Les constantes religieuses du scepticisme* in « Homma-
ges à Marcel Renard » II, Coll. Latomus, vol. 102, Bruxel-
les, 1969, p.61.
(3) Contemporain de Philon, d'Antiochus et de Cicéron, il
enseigne vers 80-70 avant J.-C. Il est, avec Agrippa, son successeur, — dont la vie nous échappe complètement — un des
représentants les plus connus du scepticisme dialectique. Cf.
H. von Arnim, *Quellenstudien zu Philo von Alexandria*, Ber-
lin, 1888, ch.II : *Philo und Aenisedem*.
(4) (XL), pp.306-307.

cond siècle de notre ère, le scepticisme connaît toujours un réel succès, dont portent témoignage les *Nuits Attiques* d'Aulu-Gelle, qui s'intéresse particulièrement au rhéteur Favorinus ; au début du IIIe siècle encore, l'*Octavius* de l'avocat Minucius Felix — adepte sans doute du scepticisme avant sa conversion — présente à la fois une justification du christianisme et une réfutation des principes de la philosophie sceptique : signe manifeste de l'influence qu'exerce alors le scepticisme dans sa confrontation avec la religion chrétienne.

Par la suite, pour reprendre les termes de Jean Beaujeu : « il n'est plus guère question du scepticisme en rapport ou non avec le christianisme ; ni la théologie inspirée de Platon, même chez un Saint Augustin — qui a écrit un traité *Contra Academicos* — ni surtout la théologie inspirée d'Aristote ne mettent en doute le pouvoir de la raison appliquée aux problèmes religieux. » (5) La tendance à se défier de la raison raisonnante ne réapparaît vraiment qu'aux XIVe et XVe siècles : pour favoriser, au XVIe siècle, une véritable renaissance du scepticisme.

La diffusion des idées sceptiques au XVIe siècle

Au milieu du XVIe siècle, l'histoire des idées en France est, en effet, dominée par l'influence de différents courants sceptiques, qui, s'interrogeant sur les fondements mêmes de la connaissance humaine, visent à combattre l'autorité des philosophies dogmatiques en faveur à l'époque, stoïcisme puis épi-

---

(5) *Loc.cit.*, p.69.

curisme, souvent considérées comme les causes principales des malheurs des temps. L'attention au scepticisme remonte, cependant, plus haut dans ce siècle. Elle est marquée par la publication, dès 1520, de l'*Examen vanitatis doctrinae gentium* (6) de Jean-François Pic de la Mirandole, dans lequel le neveu du célèbre humaniste donnait un commentaire christianisé de la philosophie pyrrhonienne de Sextus Empiricus tenue pour une excellente voie d'accès à la sagesse humaine. Suivit, moins de dix ans plus tard, la *De incertitudine et vanitate scientiarum et artium atque excellentia verbi Dei declamatio* de Corneille Agrippa parue à Cologne (1527) puis à Anvers (7). En France même, c'est vers les *Academica* de Cicéron que se porte principalement l'intérêt entre 1540 et 1560 : à preuves, les éditions et commentaires donnés par Omer Talon, l'ami de Ramus (1547, 1550), par Turnèbe (1553),

---

(6) P. Villey (LXXXIX), II, p.166 pense que cet ouvrage n'a pas eu une influence directe sur Montaigne, mais il tient pour certaine son action indirecte.

(7) Sous sa forme latine l'ouvrage d'Agrippa von Nettesheim connut de nombreuses et rapides réimpressions. Il fut traduit en français par Louis Turquet de Mayerne en 1582, et ensuite, en 1603, sous le titre *Paradoxe sur l'Incertitude, Vanité et abus des Sciences.* Sur C. Agrippa, cf. A. Prost, *Les sciences et les arts occultes au XVIe siècle, Corneille Agrippa, sa vie et son œuvre.* Paris, Champion, 1881 ; J. Orsier, *H.C. Agrippa. Sa vie et ses œuvres d'après sa correspondance* (1486-1535). Paris, Bibl. Chacornac, 1911 ; A. Koyré, *Mystiques spirituels, alchimistes du XVIe siècle allemand*, Paris, Colin, 1955 ; P. Zambelli, *Corneille Agrippa, Erasme et la théologie humaniste*, « Colloquia Erasmiana Turonensis, 1972, t.I, pp.113 sqq., Paris, Vrin.

par Duchesne (1558) (8). A ces *Academica* s'ajoutent alors, comme sources principales d'information sur le scepticisme antique — les *Vies des philosophes* de Diogène Laerce, connues dans la traduction latine, les *Dialogues* de Lucien popularisés par Erasme, la *Cité de Dieu* et le *Contre les Académiciens* de Saint Augustin et le *De optimo dicendi genere liber* de Galien (9), auxquels il faut joindre les *Dialogues de Guy de Bruès, contre les Nouveux Académiciens*, parus en 1557 (10). L'année 1562 marque une étape importante dans l'histoire du scepticisme en France : Henri Estienne publie sa traduction latine des *Hypotyposes* (Esquisses) *Pyrrhoniennes* de Sextus Empiricus (11). L'élan décisif est ainsi amorcé. Gentian Hervet livre au public, en 1569, une édition gréco-latine de toutes

---

(8) Voir Charles B. Schmitt, *Cicero scepticus*, La Haye, Martin Nijhoff, 1972, pp.78-108. Lambin s'intéressa aussi aux *Academica* (1565-1566).

(9) Galien, connu surtout pour sa science médicale, soutient dans cet ouvrage qu'il faut exercer le jugement et s'appuyer sur les données des sens. Cf. L.Elaut, *Erasme traducteur de Galien*, B.H.R., XX, 1958, p.41.

(10) A consulter dans l'édition récente de Panos Paul Morphos, *The Dialogues of Bruès. A Critical Edition, with a study in Renaissance Scepticism and Relativism*, Baltimore, 1953. Aux nouveaux Académiciens qui affirment « que toutes les choses consistent en la seule opinion », Bruès reproche de vouloir « mettre à mespris la religion, l'honneur de Dieu, la puissance de nos superieurs, l'autorité de la justice, ensemble toutes les sciences et disciplines. »

(11) Voir, notamment, J. Jehasse, *La Renaissance de la critique,* Publ. Univ. Saint-Etienne, 1976, pp.115-116 : « Sans être partisan de Sextus, ni sans vouloir en rendre autrui partisan, Estienne ne l'en édite pas moins *pour pousser à la folie les philosophes* dogmatiques impies de notre siècle ».

les œuvres de Sextus. Il y reprend pour les *Hypoty-poses* la version latine d'Henri Estienne ; il donne lui-même en latin les onze livres de l'*Adversus Mathematicos* (12) de Sextus, ainsi que la *Vita Pyrrhonis* de Diogène Laerce et il joint au tout l'interprétation par Erasme du *De optimo dicendi genere liber* de Galien.

C'est cette publication de Gentien Hervet qui devait exercer une influence décisive sur le portugais Francisco Sanchez dont le *Quod nihil Scitur* (13), rédigé en 1575-76, parut en 1581 et surtout sur Michel de Montaigne.

---

(12) Il s'agit, réunies sous un même titre, des deux œuvres philosophiques de Sextus, autres que les *Hypotyposes* : un premier traité contre les savants de diverses disciplines (grammaire, rhétorique, géométrie, arithmétique, astronomie, musique), un second dirigé contre les philosophes dogmatiques (logiciens, physiciens, moralistes). L'ouvrage est dédié au cardinal de Lorraine, dont Hervet était le secrétaire et dans la bibliothèque de qui il avait trouvé un manuscrit de l'*Adversus Mathematicos*. La dédicace qui semble annoncer l'*Apologie* (mais Villey n'y a trouvé aucun emprunt précis à l'*Adversus Mathematicos*) éclaire parfaitement les intentions de Gentien Hervet : « *Hoc cum ad gentiles et externos philosophos confutandos nobis sit adjumenti plurimum allaturum, non parvam quoque suppeditabit copiam argumentorum adversus nostri temporis haereticos... hoc certe si nihil aliud Calvinistis nostris deberet persuadere* ». Ainsi, l'ouvrage est bien propre à combattre les hérétiques du temps, puisqu'il montre qu'aucune science ne peut résister à une argumentation opposée et que seule est certitude la Révélation faite par Dieu.
(13) Le livre de Sanchez emprunte aussi beaucoup au *De tradendis disciplinis* de Vivès. P. Villey (LXXXIX), II. p. 168, pense que l'*Apologie* ne doit rien au *Quod nihil scitur*. De toute façon, avant 1580, Montaigne n'aurait pu connaî-

Que les idées sceptiques aient trouvé en France au XVIe siècle un temps et un terrain favorables à leur épanouissement n'a rien pour nous étonner. Parmi les causes qui provoquèrent l'apparition du scepticisme antique, Victor Brochard en relève, d'ordre intellectuel, qui tiennent à « la diversité et à l'opposition des systèmes auxquels s'étaient arrêtés les philosophes antérieurs » et d'autres qui sont liées « aux influences extérieures et politiques ». « L'époque, note-t-il, où apparut le scepticisme ancien est celle qui suivit la mort d'Alexandre. Les hommes qui vivaient alors avaient été témoins des événements les plus extraordinaires et les plus propres à bouleverser toutes leurs idées. Ceux d'entre eux surtout, qui avaient, comme Pyrrhon, accompagné Alexandre (en Asie), n'avaient pu passer à travers tant de peuples divers sans s'étonner de la diversité des mœurs, des religions, des institutions... Un jeune conquérant avait voulu se faire adorer et il y avait réussi... La tyrannie *triomphait* partout... Toute la Grèce était en proie à une horde de soldats avides et sans scrupules ; partout la trahison, la fraude, l'assassinat, des cruautés honteuses, inconnues jusqu'alors dans l'Occident. » (14)

---

tre le traité de Sanchez qu'en manuscrit. Or rien n'autorise une telle hypothèse. Les rapprochements entre les *Essais* et le *Quod nihil scitur* peuvent sans doute s'expliquer par l'influence du collège de Guyenne et par l'action sur les deux écrivains de la dédicace de Gentien Hervet.

(14) (XL) pp.40-43.

Toutes différences observées, ces causes se reproduisaient chez nous. Les profondes dissensions doctrinales entre disciples d'un même Christ, la découverte de mondes nouveaux, la mise en cause du système géocentrique, l'horrible tragédie des guerres dites de religion, qui commencent précisément en 1562, la faillite financière d'un pouvoir qui s'est voulu de plus en plus centralisé, de plus en plus autoritaire et qui retombe dans les mains de rois-enfants, tout cela trouble les esprits. Comme le sceptique de l'antiquité, le Français des années soixante-soixante-dix est un «désabusé qui ne sait plus où se prendre... il s'isole d'un monde dont il ne peut plus rien attendre, il renonce à toute espérance, comme à toute ambition. » « Se replier sur soi-même..., vivre simplement et modestement, ... laisser aller le monde, prendre son parti des maux qu'il n'est au pouvoir de personne d'empêcher, voilà l'idéal du sceptique. » (15)

Cependant, plus qu'à l'apport moral de la doctrine, dont les disciples de Pyrrhon n'avaient déjà plus fait qu'une partie accessoire, les hommes du XVIe siècle s'intéressèrent surtout à son côté intellectuel. Le scepticisme les aidait à se confronter au problème de la connaissance, capital pour eux que laissaient désemparés les « perplexités » (16) nées de la faillite d'un premier humanisme trop aveuglément confiant dans les forces de l'homme. Problè-

---

(15) *ibid.*, pp.44-45.
(16) Que l'on songe ici à celles de Panurge dans le *Tiers livre* de Rabelais.

me d'autant plus important qu'il restait fortement lié à la métaphysique dans leurs esprits encore marqués par les modes de pensée médiévaux, en dépit de toutes leurs dénonciations de la scolastique. Vivant au cœur religieux d'un siècle croyant, ils rattachaient tout à Dieu, principe et fin, voyaient partout un reflet du divin. Ce Dieu, les sceptiques jugeaient que la raison purement humaine est incapable de le définir, tout comme elle est impuissante à nous conduire à une vérité assurée. Dans son essai *Sur le libre-arbitre*, Erasme (17) estimait déjà que, s'agissant de révélations métaphysiques, mieux valait laisser en suspens l'esprit humain, manifestement si faible en la matière. Corneille Agrippa tenait la connaissance pour impossible sans Dieu et disqualifiait, dans la quête de la vérité, toute spéculation humaine, fût-elle fondée sur les données des sens. Plus nuancé, mais aussi résolument sceptique, Omer Talon distinguait le domaine de la philosophie humaine — dans lequel il faut d'abord connaître avant de croire — et les problèmes religieux qui dépassent l'intelligence et dans lesquels il faut d'abord croire, afin d'arriver ensuite à la connaissance.

On conçoit, dès lors, sans peine, que les idées sceptiques aient pu servir soit à ruiner les négations des incroyants en démontrant la vanité de toute argumentation rationnelle, soit à combattre les «nouvelletez » des calvinistes, en rappelant à ceux qui voulaient réformer la religion qu'en pareille matière notre incapacité à parvenir aux connaissances de

---

(17) Tenu pour un disciple de la Nouvelle Académie par des critiques comme J.B. Pineau, *Erasme, sa pensée religieuse*, Paris, P.U.F., 1924 et J. Boisset, *Erasme et Luther*, Paris, P.U.F., 1962.

l'âme et de l'ordre surnaturel devait nous conduire à une prudence justement conservatrice.

De fait, on assiste, après le Concile de Trente, à une sorte d'alliance objective entre les théologiens de la Contre-Réforme et les « Nouveaux Pyrrhoniens » (18), pour faire pièce aux prétentions calvinistes. Se développe alors, avec la caution de l'augustinisme très en faveur à l'époque (qui est exaltation de la transcendance et proclamation de la misère et du vide de la créature, que, seul, Dieu peut remplir) un scepticisme chrétien auquel R.M. Popkin et ses disciples (19) rattachent justement Montaigne.

Le « scepticisme » de Montaigne

Qu'en est-il donc exactement de ce scepticisme de Montaigne, dont la critique s'accorde à reconnaître qu'il trouve son expression la plus large dans l'*Apologie* ? D'excellentes études ont montré ce que Montaigne doit, en ce domaine, aux philosophes antiques, aux hommes de la Renaissance qui l'ont précédé, à ses contemporains (20). Il est indiscutable que, comme l'a noté A. Micha, « ce qu'on a appelé la crise sceptique de 1576, n'est que l'acmé d'un état psychologique latent, mais nullement une de ces conversions dont l'individu sort

---

(18) Cf. R.H. Popkin (CXXXIV), pp.150-151 « The sixteenth century saw the rise of a new Kind of philosopher : the « nouveau Pyrrhonien ».
(19) R.H. Popkin (LXXIX) ; Craig. B. Brush (XLII).
(20) Notamment, celles de Busson (XLIV), de Popkin (LXXIX), de Ph. P. Hallie (LXIII).

méconnaissable (21). En effet, certains des premiers essais que Villey date des environs de 1572 portent déjà la marque d'un esprit sceptique : ainsi, *Par divers moyens on arrive à pareille fin* (I,1) ; *Comme l'ame descharge ses passions sur des objects faux, quand les vrays luy defaillent* (I,4). Pyrrhon apparaît dès l'Essai I.14 : « *Que le goust des biens et des maux depend en bonne partie de l'opinion que nous en avons* » (p.54), mais cet exemple peut, il est vrai, avoir été inséré dans le texte entre 1572 et 1580. Un essai, comme *De la Coutume* (I,23), le premier grand chapitre méthologique aux yeux de l'abbé Gierczyński (21), collectionne, pour les critiquer les unes par les autres, les mœurs et les opinions les plus diverses et conclut sur la relativité de la morale dans la mesure où elle se fonde sur la seule coutume. Le chapitre I.24 : *Divers evenemens d'un mesme conseil* montre le rôle du hasard dans la vie humaine « en cette incertitude et perplexité que nous apporte l'impuissance de voir et de choisir ce qui est le plus commode ». Le titre de l'essai I.27 nous avertit, déjà, que *C'est folie de rapporter le vrai et le faux à nostre suffisance* ; celui du chapitre I.32 nous invite à nous « sobrement... mesler de juger des ordonnances divines ». De même, se retrouvent dans *Du pedantisme*, I.25 (« A quoy faire la science, si l'entendement n'y est ? », p.140) et dans *De l'inconstance de nos actions*, II.1 (« veu la naturelle instabilité de nos mœurs et opinions », p. 332), des thèmes majeurs de l'*Apologie*, qui conti-

---

(21) (LXXI) p.21. Cf. aussi D. Frame (LVII), p.60 : « *Montaigne was a skeptic before and after the* Apologie *; any notion of a « skeptical crisis » seems excessive.* »

nueront à courir à travers les *Essais*, jusqu'au chapitre final *De l'experience*, III.13, en passant par *De la vanité* (22) (III.8) ou *Des Boyteux* (23) (III. 11).

Pour nous en tenir à l'*Apologie* elle-même, le scepticisme de Montaigne s'y appuie essentiellement sur les *Hypotyposes Pyrrhoniennes* de Sextus (24) (auxquelles il fait une trentaine d'emprunts), sur les *Academica* de Cicéron (25), le seul ouvrage philosophique sur le scepticisme qu'il ait vraiment pratiqué entre 1580 et 1588 et où il puise une dizaine de fois, ainsi que sur la *Déclamation sur l'Incertitude des Sciences* de Corneille Agrippa, source — bien dépistée par Villey — de nombreux passage de l'*Apologie* et du chapitre *De la ressemblance des enfans aux peres* (II.37). A partir de tel-

---

(22) « Or qui n'entre en deffiance des sciences et n'est en doubte s'il s'en peut tirer quelque solide fruit au besoin de la vie ? » (p.926). « (b) Car nous sommes nais à quester la verité ; il appartient de la posseder à une plus grande puissance. » (p.928)

(23) « (b) J'ayme ces mots qui amollissent et moderent la temerité de nos propositions : A l'avanture, Aucunement, Quelque, On dict, Je pense, et semblables. Et si j'eusse eu à dresser des enfants, je leur eusse tant mis en la bouche cette façon de responde (c) enquesteuse, non resolutive : (b) Qu'est ce à dire ? Je ne l'entends pas. Il pourroit estre. Est-il vray ? » (p.1030). Reprise amplifiée du « Que scay-je » (II.12, p.527).

(24) Qu'il lit plutôt dans l'édition gréco-latine de 1569, où figurait la *Vie de Pyrrhon*, que dans la version latine d'Henri Estienne (1562). Notons ici que neuf des cinquante sept sentences de la « librairie » de Montaigne sont tirées de Sextus (6, 14, 27, 38, 49 à 52, 55).

(25) Montaigne se sert du texte de Petrus Victorius dans l'édition vénitienne des *Ciceronis opera* (1534-1537) ou dans l'édition de Robert Estienne (1538-1539).

les sources — dont il n'avait pas le moyen de faire
la critique — Montaigne n'est pas parvenu à donner
dans l'*Apologie* une présentation claire et cohéren-
te d'une doctrine que « les auteurs mesmes... repre-
sentent un peu obscurement et diversement (II.12,
p.505). Les *Hypotyposes* — sa source principale —
lui donnaient, par exemple, cette définition du
scepticisme : « C'est la faculté d'opposer les apparences (ou phénomènes) et les concepts, de toutes
les manières possibles : de là, nous arriverons, à
cause de la force égale des choses et des raisons opposées, d'abord à la suspension du jugement... puis
à l'ataraxie... L'ἐποχή, c'est la suspension du jugement, nous ne nions rien, nous n'établissons rien.
L'ataraxie, c'est la tranquillité ininterrompue et la
sérénité de l'âme. » (26) Il s'agit là, comme le note
bien M. Conche (27), de ce que nous appelons le
scepticisme phénoméniste : doute limité, qui ne
met pas en question la notion d'être, d'essence, de
vérité des choses. Ce scepticisme phénoméniste pose que nous ne connaissons que les apparences des
choses, par exemple la douceur du miel ou la blan-
cheur de la neige, mais qu'il existe une nature des
choses, que nous ne pouvons atteindre dans leur
être, qui, toutefois, sont. A côté de cette définition
du scepticisme phénoméniste, Montaigne trouvait,
aussi, au long des *Hypotyposes*, des formules qui
rappelaient le pyrrhonisme originel, tel qu'il nous
est connu par un fragment d'Aristoclès, que nous a

---

(26) Cité par J. Grenier, in *Oeuvres choisies de Sextus Empiricus*, tr. par J. Grenier et G. Goron, Paris, Aubier, coll.
Montaigne, 1948, pp.158-159.
(27) (XCV) p.49.

conservé Eusèbe dans sa *Prépation évangélique* (XIV, 18, 2) :

« Pyrrhon d'Elis n'a laissé aucun écrit, mais son disciple Timon dit que celui qui veut être heureux doit considérer ces trois points : d'abord ce que sont les choses en elles-mêmes ? puis, dans quelles dispositions devons-nous être à leur égard ? enfin ce qui résultera pour nous de ces dispositions. Les choses sont toutes sans différences entre elles, également incertaines et indiscernables. Aussi nos sensations ni nos jugements ne nous apprennent-ils pas le vrai ni le faux. Par suite, nous ne devons nous fier ni aux sens, ni à la raison, mais demeurer sans opinion, sans incliner ni d'un côté ni de l'autre, impassibles. Quelle que soit la chose dont il s'agisse, nous dirons qu'il ne faut pas plus l'affirmer que la nier, ou bien qu'il faut l'affirmer et la nier à la fois, ou bien qu'il ne faut ni l'affirmer ni la nier. Si nous sommes dans ces dispositions, dit Timon, nous atteindrons d'abord l'aphasie, puis l'ataraxie. » (28)

Le Pyrrhonisme, on le voit, va plus loin que le scepticisme phénoméniste des *Hypotyposes*. Le Pyrrhonien, en effet, ne recherche pas la connaissance ; il ne suspend pas seulement son jugement : il est sans jugement ; il met en question l'idée d'être : une chose n'est pas plutôt ceci que cela et même on ne peut pas dire qu'elle est ou qu'elle n'est pas. Tout est apparence ; nulle différence entre l'être et l'apparence (29).

---

(28) Cité par Brochard (XL) p.54, qui signale que Pyrrhon enseigne non l'ataraxie, mais l'apathie (insensibilité totale). Sur Pyrrhon, voir Léon Robin, *Pyrrhon et le Scepticisme*, Paris, P.U.F., 1944 et Marcel Conche (LI).
(29) Nous suivons ici l'analyse très fouillée de M. Conche (XCV) p.50.

La peinture que Montaigne nous donne, dans l'*Apologie*, des philosophes sceptiques ne distingue pas franchement le pyrrhonisme du scepticisme phénoméniste. Tantôt Montaigne insiste sur le doute enquêteur, sur la nécessaire « surseance » du jugement, suivant ainsi le scepticisme phénoméniste. Tantôt, comme les pyrrhoniens, il parle, non plus simplement de suspendre son jugement, mais de s'en abstenir, dans une sorte de repos complet. Nous avons là le reflet des idées mêlées que charriaient les *Hypotyposes*.

Lorsqu'il s'agit du scepticisme qu'il pratique, et non plus de celui dont il parle, Montaigne est-il plus net ? Comme J.P. Dumont (30), Marcel Conche voit en lui un véritable pyrrhonien, qui élimine les notions d'être, d'essence, de vérité, dont la pensée se meut dans cette sphère de l'apparence pure, d'une apparence qui n'est pas phénomène, c'est-à-dire manifestation de quelque chose d'*autre* qui aurait sa nature en soi (31). « Montaigne's Pyrrhonism is closer to Pyrrho than to Sextus » écrit, dans le même sens, Floyd Gray (32), qui ajoute : *« It is essentially the product of his reading of Pyrrho the man, of the adaptation and continuation of his thought, rather than the result of the*

---

(30) (LIV) ch.III : *Montaigne et le phénoménisme pyrrhonien* pp.39-49. J.P. Dumont fait de Montaigne un pénétrant historien du pyrrhonisme. C'est plutôt, pensons-nous, Sextus Empiricus (que suit Montaigne), qui analyse finement les différences entre les écoles sceptiques.
(31) M. Conche (XCV), p.56.
(32) (CXV) p.134.

transfer of doctrin from one book to another. »
(33) De fait, le portrait de Pyrrhon domine l'*Apologie*. Quelle que soit la distance prise par Montaigne à l'égard des philosophes sceptiques (34), c'est « à l'advis des Pyrrrhoniens » (II.12, 51), qu'il se rallie, c'est à Montaigne que Pyrrhon ressemble, ou vice-versa. Mais le pyrrhonisme de Montaigne philosophe n'en est pas pour autant intégral : trop de passages de l'*Apologie* opposent apparence et essence pour que nous puissions, croyons-nous, exclure le phénoménisme de sa conception du scepticisme. Un Pyrrhonisme intégral de Montaigne impliquerait, d'ailleurs, un renoncement de sa part à toute connaissance d'un monde de l'apparence pure. Or, la « queste » n'est pas exclue de l'*Apologie*. Non pas quête de la vérité absolue (qui relève, avant tout de la foi) ni même de vérités relatives

_____

(33) Montaigne a effectivement mis l'accent sur le côté humain, ardent, vivant, de Pyrrhon, dont l'indifférence n'avait, pour lui, rien à voir avec l'insensibilité: «(a) Qui faict que je ne puis pas bien assortir à ce discours ce que on dict de Pyrrho. Ils le peignent stupide et immobile, prenant un train de vie farouche et inassociable, attendant le hurt des charretes, se presentant aux precipices, refusant de s'accommoder aux loix. Cela est encherir sur sa discipline. Il n'a pas voulu se faire pierre ou souche ; il a voulu se faire homme vivant, discourant et raisonnant, jouissant de tous plaisirs et commoditez naturelles, embesoignant et se servant de toutes ses pieces corporelles, (c) en regle et droiture. » (II.12, p.505)
(34) Cf. A. Micha (LXXI) p.30 : « Il entend au surplus ne pas embrasser le scepticisme, rester extérieur à lui : il l'examine, il ne le professe pas et prend assez de précautions pour dissiper tout malentendu : « leurs façons de parler sont ... Voilà leurs refrains... il y a disent-ils... etc. ». D'autre part, Montaigne ne dissimule pas le côté mécanique des procédés sceptiques.

(inaccessibles à notre raison et à nos sens), mais quête, peut-être, d'un mode de connaissance, en rapport avec la nature réelle de l'homme. On a fait, à diverses reprises, remarquer la place que tient dans l'*Apologie* l'observation, qui pourrait bien être ce mode de connaissance recherché et recommandé par Montaigne, un mode de connaissance qui « ouvre les choses plus qu'il ne les descouvre » (II.12, p.501) : observation naturaliste des hommes et des animaux (35) ; observation sociologique dans le répertoire des croyances et des coutumes ; observation psychologique, enfin, lorsque sont examinés les rapports entre les sens et la raison. Puisque nous n'avons pas accès à l'être, puisque nous ne pouvons « définir » ni l'homme (ce qui impliquerait qu'il y ait un statut, une essence de l'homme) ni les choses (dont nous n'apercevons que les apparences), contentons-nous de « décrire », de « peindre le passage » dans un esprit purement phénoménologique (36): telle aurait été, selon plusieurs critiques, la position de Montaigne. De son côté, M. Baraz pense que, dans l'*Apologie*, Montaigne s'efforce de « surmonter les illusions anthropomorphes et anthropocentriques » pour « arriver à

(35) A quoi l'on peut objecter [avec A. Glauser (LX)p.115): « Les traits que Montaigne relève chez les animaux sont rarement empruntés à son expérience »] qu'à part l'exemple de sa chatte (II.12, p.542), Montaigne parle des animaux (qu'il n'observe pas) d'après Plutarque (*Quels animaux sont les plus advisez*) et Pline (*Histoire naturelle*). Voir les *Sources et Annotations* de l'édition Villey-Saulnier, p.1279 sqq. De même, sont souvent livresques les exemples relatifs aux coutumes et aux croyances.
(36) Cf. l'article de M. Merleau-Ponty, *Lecture de Montaigne*, *Temps modernes*, déc. 1947, pp.1044-1060.

la consonance avec la nature » (37), parvenant ainsi
à une connaissance globale et vécue qui échappe-
rait à l'éparpillement et à l'abstraction de la connaissance rationnelle.

Même si l'on ne se rallie pas à ces interprétations séduisantes qui tirent Montaigne hors d'un
pyrrhonisme total, il est certain qu'il faut limiter
son doute, lequel, croyons-nous, n'a rien de nihi-
liste (37bis). Au lieu de vouloir l'étiqueter (ce que
sa complexité (38) rend difficile) ou le mesurer (à
chacun sa balance !), mieux vaut tenter de le comprendre tel qu'il se présente. Le scepticisme, pour
Montaigne, n'est pas une doctrine, mais une méthode de pensée qu'il épouse naturellement. C'est à la
fois une attitude très souple de l'esprit qui lui per-

_____

(37) (XXXVII) p.33. Il y aurait ainsi trois barreaux ou
« marches » sur l'échelle de la connaissance : au-dessus,
l'illumination de la grâce ; au milieu l'intelligence rationnelle ; en-dessous l'intelligence des animaux − proche de la
vie − que Montaigne revalorise pour abaisser d'autant la
connaissance abstraite. Dans un article sur les *Images dans
les Essais de Montaigne*, B.H.R., XXVII, 1965, pp.361-
394, M. Baraz relève la tendance de Montaigne à privilégier
le biologique par rapport à l'abstrait.
(37bis) Même si l'on restreint son prétendu nihilisme à un
nihilisme humain dont l'envers serait la croyance, toute
d'abandon, de Montaigne en Dieu.
(38) E. Limbrick (CXXV) a bien mis en relief le caractère
complexe et nuancé du scepticisme de Montaigne. Elle distingue trois phases dans l'évolution de ce scepticisme : une
période − qui nous concerne ici − de scepticisme pyrrhonien, au temps de l'*Apologie* ; une période de scepticisme
académique influencé par la lecture des *Academica* de Cice-
ron (1586-1588) ; une période de scepticisme socratique
qui traverse toute la période de la composition des *Essais*
(le nom de Socrate est mentionné 13 fois dans l'édition de
1580 ; 26 fois dans l'édition de 1588, 59 fois dans l'exemplaire de Bordeaux).

met d'exercer son jugement en toute indépendance et l'acte créateur de son intelligence inlassablement au travail.

L'*Apologie* est une œuvre de combat contre tous les dogmatismes : la première fonction du doute y est naturellement de miner les systèmes, de battre en brèche les idées reçues : aspect destructeur, à l'évidence. Mais ce doute présente aussi des aspects positifs. Il conduit d'abord à la foi : « desgarni d'humaine science et d'autant plus apte à loger en, soy la divine, aneantissant son jugement pour faire plus de place à la foy »... l'homme qu'un doute salutaire a dépouillé de ses vaines prétentions devient cette « (b) carte blanche preparée à prendre du doigt de Dieu, telles formes qu'il luy plaira y graver » (II.12, p.506). Il fortifie, ensuite, le conservatisme religieux et politique (39). Il contribue encore à entretenir en l'homme « la vertu de ne jamais s'accoutumer », en l'amenant d'une part à reculer les limites de ce qui est tenu pour normal, d'autre part à pressentir le mystère, le caractère miraculeux des choses les plus communes, les plus familières (40), dont notre intelligence résolutive ne nous permet pas de connaître la nature prodigieusement riche. Il favorise, enfin, la pratique d'un

---

(39) Sur cet aspect, cf. Frieda Brown (XLI). En cette matière, les sentiments de Montaigne, qui ont supris ses contemporains et la critique, étaient partagés par son ami Estienne Pasquier : « car comme bon chrestien, je seray tousjours pour la religion catholique, apostolique, romaine ; et comme bon citoyen, j'abhomineray le changement de l'Estat, qui advient ordinairement des Religions » (Lettre XI à Monsieur Loysel, Advocat, Le massacre de la Saint-Barthélémy, 24 août 1572).
(40) Cf. J. Ceard, (LXVII) ch. XVI, pp.387-434.

mode modeste de connaissance, prise en compte loyale de l'infinie diversité du réel, perçue de façon moins égocentrique que : « (b) par ces yeux humains [qui] ne peuvent apercevoir les choses que par les formes de leur cognoissance » (p.535).

Compris ainsi, le scepticisme de Montaigne éclaire assez bien tel ou tel développement de l'*Apologie*. Par exemple, celui que Montaigne consacre à « l'equalité et correspondance de nous aux bestes » (p.481). Plusieurs critiques se refusent à prendre au sérieux cette avalanche d'exemples surprenants d'intelligence animale (41). On rappelle, à son sujet, pour atténuer la portée de ces pages, l'affection que Montaigne porte ordinairement aux animaux, à son chien, à sa chatte. L'auteur d'une excellente étude sur la thériophilie, George Boas (42), tient pour « an extravagant statement » l'affirmation de Montaigne à propos des bêtes, que « leur stupidité brutale surpasse en toutes commoditez tout ce que peut notre divine (43) intelligence » (II.12, p.455). Et il rattache l'inventaire mythique de l'intelligence animale, que fait Montaigne, à la littérature paradoxale, largement en faveur au XVIe siècle, citant à preuves l'*Éloge de la*

---

(41) Marcel Tetel, notamment (LXXXVII) y voit un jeu : « *The argument takes on such enormous proportions, as the case are enumerated page after page, that the overabundant rhetoric puts the conviction in geopardy.* » (p.82)

(42) (XXXVIII), p.4. La thériophilie – qui est liée au primitivisme – se fonde sur l'idée que les animaux – sauvages ou domestiques – sont plus « naturels » que l'homme, donc supérieurs à lui. G. Boas voit, à la source de la thériophilie au XVIIe siècle, les *Essais* de Montaigne auxquels il consacre plusieurs chapitres de son étude.

(43) L'adjectif est à prendre, bien sûr, dans son acception ironique.

Folie d'Érasme, les *Paradossi* (44) d'Ortensio Landi (Lyon, 1543) traduits par Charles Estienne (45) en 1533, le *Théâtre du monde* suivi du *Bref Discours de l'excellence et dignité de l'homme* (46) de P. Boaystuau (1558), tous ouvrages qui figuraient dans la bibliothèque de Montaigne (47). Que Montaigne ait eu un goût marqué pour le paradoxe (48), nul ne songera à le nier et l'on s'accordera volontiers avec Rosalie L. Colie pour voir dans l'*Apologie* « a complicated piece of paradoxy » (49). Mais cette complaisance pour le paradoxe

----

(44) Il s'agit de paradoxes souvent plaisants (par ex. « qu'il vaut mieux être bâtard que légitime »), mais de propos moral indiscutable. Voir aussi F. Neri, *Nel quarto centenario della nascita di Montaigne. I Saggi e il viaggio in Italia.* « Illustrazione Italiana » LX, fév. 1933.

(45) Sous le titre : *Paradoxes, ce sont propos contre la commune opinion debattus en forme de declamations forenses pour exerciter les jeunes advocats en causes difficiles.*

(46) H. Busson (XLIII), pp.423-428, résume ces deux traités qui reprennent le paradoxe, fameux à l'époque, de la misère et de la dignité de l'homme. *Le Théâtre du monde* décrit la misère de l'homme sans Dieu. Le *Bref discours* met en relief la dignité et le bonheur de l'homme qui se souvient de ses origines divines et obéit à Dieu. Cf. Richard A. Carr, *Pierre Boaistuau, Histoires tragiques*, Paris, Champion, 1977, pp.XXIII-XXIV. La conclusion de Boaystuau, à la fin du *Bref discours* annonce celle de Montaigne dans l'*Apologie.*

(47) Auxquels il faudrait ajouter le *Progymnasma adversus literas et literatos* de Lilio Gregorio Giraldi (dédié à Jean-François Pic de la Mirandole) qui reprenait les idées de Landi.

(48) Cf. entre autres, Y. Delègue, *Du paradoxe chez Montaigne*, C.A.I.E.F., XIV, 1972, pp.241-253 ; A. Glauser (LX) ; Floyd Gray (CXIV).

(49) (XLIX), p.389.

s'associe très bien, chez lui, à son scepticisme, dans le cadre de ce courant de pensée — auquel participent certains poètes et quelques prosateurs du temps — (50) qui ne dénie pas la raison aux animaux. Mitchiko Ishigami-Iagolnitzer l'a justement vu, qui écrit : « La formation d'un lien triangulaire entre la thèse de la raison chez les animaux, la renaissance du scepticisme au XVIe siècle et le genre « Paradoxe » approprié à exprimer des idées sceptiques ou anti-dogmatiques est étroitement liée au contexte idéologique du XVIe siècle. » (51)

Toute cette apologie des animaux — où Montaigne emprunte la plupart de ses exemples à deux opuscules moraux de Plutarque (52), qu'il recopie presque textuellement dans la version de Jacques Amyot — ne fait que reprendre, non sans quelque sourire assurément, mais dans un dessein délibéré, une argumentation sceptique de Sextus Empiricus : on ne peut savoir qui, de l'homme — à l'état natu-

---

(50) Pour les poètes, voir H. Naïs, *Les animaux dans la poésie française de la Renaissance*, Paris, Didier, 1961, pp.574 sqq. Parmi les prosateurs, on peut citer Boaystuau et Estienne Pasquier (*Paradoxes pour les bestes brutes*, 1586). En revanche, Ambroise Paré réfute la thèse des animaux raisonnables.

(51) (CXIX), p.43.

(52) *Le Terrestriane an aquatilia animalia sint callidiora* et le *Bruta ratione uti*, traduits par Amyot sous les titres : *Quels animaux sont les plus avisez, ceux de la terre ou ceux des eaux* et *Que les bestes brutes usent de la raison.* Cf. R. Aulotte (XXXVI). Quelques exemples viennent, aussi, de Pline.

rel, sans la grâce − ou de l'animal, est supérieur à l'autre. (53) Constatation d'où doivent, dans la pensée de Montaigne, découler une pressante leçon d'humilité et un sentiment puissant de l'unité fondamentale d'une nature, *natura naturans* (54), où ne s'impose aucun ordre hiérarchisé (55).

Le même scepticisme explique la volonté de Montaigne de démontrer systématiquement l'incertitude des sciences et l'impuissance de la raison humaine à découvrir les critères de la vérité. Sa critique des sciences reprend, par exemple, les conclusions de Corneille Agrippa : « S'il faut parler en pure verité, la cognoissance qui nous est baillée par les sciences, quelles elles soyent, est tant perilleuse et incertaine qu'il seroit meilleur, sans comparaison, de les ignorer que de les savoir. » C'est avec Agrippa, encore, qu'il se rencontre pour constater la relativité de toute philosophie qui ne tient, en fait, son autorité que de l'usage : « En somme, c'est une philosophie que les menaces ou les flatteries et amadouements enseignent aux enfants, les lois et les châtiments d'icelles aux plus grands, où plusieurs choses sont mises en avant par l'industrie naturelle des hommes, qui ne peuvent

---

(53) Il n'est pour s'en convaincre que de relire ce passage du chapitre *De la physionomie*, III.12, p.1049, où la pensée ne s'offre pas sous une forme qui peut passer pour paradoxale : « (b) Il faict beau voir... que nostre sapience apreigne des bestes mesmes les plus utiles enseignements aux plus grandes et necessaires parties de nostre vie. »

(54) Cette conception de la nature peut, chez Montaigne, venir de Lucrèce.

(55) Cf. M. Baraz, *Le sentiment de l'unité cosmique chez Montaigne*, C.A.I.E.F. XIV, 1972, pp.211-224.

estre enseignées et, puis après, avec le temps et par long usage et commun consentement sont receües et retenues, soit à droit, soit à tort, soyent bonnes ou mauvaises... »

Avec lui, toujours, qu'il note notre incapacité à accéder par nos propres moyens aux vérités religieuses : « La verité doncques de ces escritures canoniques et leur intelligence depend de la seule autorité de Dieu qui la nous revele et ne peut estre comprise par aucun jugement sensuel, par aucun syllogisme demonstratif, par nulle science, speculation ou contemplation, en somme par nulle faculté ny vertu humaine, ains seulement par la foy en Jesus-Christ que Dieu le pere a mise en nous par le Saint Esprit, laquelle est d'autant plus ferme et asseurée que aucune autre creance et persuasion des sciences humaines, que Dieu est plus haut et plus veritable que ne sont les hommes. Mais que dis-je plus veritable ? Dieu seul est veritable et tout homme menteur ; partant tout ce qui n'est de cette verité est erreur, tout ainsi que ce qui n'est de la foy est peché. » (56)

Concluons. Nourri surtout de Sextus Empiricus et d'Agrippa, puis de Cicéron, à l'abri de l'au-

---

(56) Louis Turquet de Mayerne, *Paradoxe sur l'Incertitude, vanité et abus des sciences.* Traduite en François, du Latin de Henry Corneille Agr. *Oeuvre qui peut profiter et qui apporte merveilleux contentement à ceux qui frequentent les cours des grands Seigneurs et qui veulent apprendre à discourir d'une infinité de choses contre la commune opinion*, s.l., 1603.
Les trois citations proviennent, successivement, du chapitre I, *Des sciences en general* (6 r⁰) ; LIV, *De la philosophie morale* (144 v⁰) ; C, *De la parole de Dieu* (372 r⁰-v⁰).

gustinisme (57) vers lequel Montaigne évolue et qui tend à s'imposer en une époque où l'Église rappelle avec force les limites de la raison humaine (58), le scepticisme de Montaigne dans l'*Apologie* ne touche en rien au domaine de la Révélation, et, sur le plan du passage terrestre, il n'exprime ni l'aveu d'un désespoir, ni le refus de toute activité intellectuelle ou sociale. Au contraire, le *Que scay-je ?* l'ἐπέχω du jeton de cuivre de 1576, sont chargés d'un dynamisme lucide, qui anime la «queste» incessante de l'esprit de Montaigne, pleinement conscient de l'impossibilité de toute certitude au niveau humain, rationnel ou sensible, mais tout aussi convaincu du devoir qui s'impose à l'homme – pour lui et au bénéfice des autres – de « s'essayer » sans relâche, comme sans illusion sur ses prétendus privilèges : « Ce que ma force ne peut descouvrir, je ne laisse pas de le sonder et essayer, et en retastant et pétrissant cette nouvelle matiere, la remuant et l'eschaufant, j'ouvre (59) à celuy qui me suit quelque facilité pour en jouyr plus à son ayse et la luy rends plus souple et plus maniable. » (II.12, p. 560).

---

(57) J.M. Randall, *The Career of Philosophy from the Middle Ages to the Enlightenment*, New York, Columbia U.P., 1962, rapproche le scepticisme de la Renaissance (conçu comme une protestation contre les connaissances « scientifiques » à la manière aristotélicienne) de la distinction faite par Saint Augustin entre la science (connaissances naturelles) et la sagesse (connaissances de l'âme et du surnaturel).

(58) Voir Julien Eymard d'Angers, *L'Apologétique en France de 1580 à 1670, Pascal et ses précurseurs*, Paris, Nouvelles Éditions latines, 1954, pp.73 sqq.

(59) A rapprocher de : « (c) J'ouvre les choses plus que je ne les descouvre. » (II.12, p.501)

CHAPITRE V

LA PENSÉE RELIGIEUSE DE MONTAIGNE DANS « L'APOLOGIE »

« (c) Je propose les fantasies humaines et miennes, simplement, comme humaines fantasies... matiere d'opinion, non matiere de foi... d'une maniere laïque, non clericale, mais tres religieuse toujours » (*Des Prières*, I, 56, p.323). Dans les *Essais,* livre délibérément laïque, où la recherche ne se place effectivement pas sous le signe de l'au-delà, Montaigne n'a donc pas voulu faire œuvre de théologien. Ce qui ne l'a pas empêché d'aborder, dans une optique purement humaine, les questions religieuses qui, elles aussi, concernent l'homme. Nul chapitre n'est à cet égard plus significatif que l'*Apologie*, essai à propos duquel se pose le plus nettement le problème de la religion de Montaigne (1).

---

(1) Cf. C.B. Brush (XVII) « *This essay is more concerned than any other with religion and gives the best information about Montaigne's Christianity* », p.110.

Problème difficile qui met fatalement à l'épreuve l'objectivité de la critique, problème que nous ne nous flattons pas de résoudre et dont nous voudrions seulement rassembler ici les données principales. Va nous y aider un excellent article qui remonte à un quart de siècle, mais qui n'a rien perdu de sa valeur. Jean Guiton (CXVI) y dressait un « état présent » du débat et dégageait l'orientation des jugements portés en la matière depuis le XVIIe siècle jusqu'au milieu du XXe siècle. Il constatait qu'à la question « Que Montaigne croit-il ? », on avait donné quatre réponses. Nous reprenons (en italiques) ces quatre réponses, indiquant au passage les noms qui s'y rattachent et en prolongeant jusqu'à nos jours l'enquête de Jean Guiton.

I – *Montaigne a fait profession de catholicisme « et en cela il n'a rien de particulier », mais par sa morale païenne, il a bien montré qu'il n'avait pas la foi.* C'est la réponse, bien connue, de Pascal (2).

2 – *Montaigne est un simulateur ; ses perpétuelles professions de foi ou plutôt de soumission sont destinées à donner le change ; en particulier dans l'«* Apologie de R.S. *», il joue la comédie et, sous prétexte de défendre Sebond et le Christianisme, il trahit l'un et l'autre.* C'est ce qu'après Sainte-Beuve (3), affirment entre autres, Emile Bou-

---

(2) Sur cet *Entretien avec M. de Saci sur Epictète et Montaigne,* voir l'édition de P. Courcelle, Paris, Vrin, 1960. Cf. J. Mesnard, *Pascal, Oeuvres Complètes*, Paris. Desclée de Brouwer, I, 1964, p.248 et B. Croquette, *Pascal et Montaigne*, Genève, Droz, 1974.

(3) *Port Royal* : « Le rôle de Montaigne, en tout ce chapitre (l'*Apologie*), une fois bien compris, est singulièrement dramatique ; il y a toute une comédie qu'il joue, et dont il ne prétend faire dupe que qui le veut bien... Ce qu'il veut, en

troux (4), Arthur Armaingaud (5), Elie Faure (6), Léon Brunschvicg (7), André Gide (8), François Tavera (9), l'abbé Gierczyński (10).

---

fin de compte, c'est (ne l'oublions pas) de faire la vérité des choses de la révélation si haute, si uniquement fondée en soi, si à pic et plantée toute seule à la pointe de son rocher, qu'on n'aille guère songer à y mettre pied : *fantôme à estonner les gents* ! voilà le mobile et le but », « Montaigne... a fait comme un démon malin, un enchanteur maudit, qui, vous prenant par la main et vous introduisant avec mille discours séduisants dans le labyrinthe des opinions vous dit, à chaque pas, à chaque marque que vous voulez faire pour vous retrouver » : « Tout ceci n'est qu'erreur ou doute... la seule chose sûre est cette lampe que voici ; jetez le reste ; cette lampe sacrée nous suffit. » Et Sainte-Beuve de mettre en avant le « sens plutôt spinosiste et panthéiste » de l'essai II.12.

(4) *Pascal*, Paris, Hachette, 1919, p.59 : « La religion flotte désormais dans le vide ».
(5) *Oeuvres complètes de Montaigne*, Paris, Conard, 1924, I. 175-203. Le Dr Armaingaud voyait dans l'*Apologie* une « œuvre d'ironie anti-providentialiste au premier chef » (B.S.A.M., 1ère série, 3ème fasc., 1914, p.262).
(6) *Montaigne et ses trois premiers nés*, Paris, Crès, 1926.
(7) *Le progrès de la conscience dans la philosophie occidentale*, Paris, Alcan, 1927, pp.125-126 « l'inefficacité morale et, par suite, le néant religieux du christianisme sont mis en évidence par le début de l'*Apologie* qui donne le ton à tout l'essai et à tous les *Essais* ».
(8) (LIX) pp.I-68. Gide parle de la « cautèle » de Montaigne en matière de religion.
(9) *Le problème humain : L'Idée d'Humanité chez Montaigne*, Paris, Champion, 1932, pp.110-141. Pour Tavera, Montaigne voudrait substituer à l'édifice religieux le culte de la raison.
(10) (CIX). Selon l'abbé Gierczyński, l'*Apologie* représente le triomphe du rationalisme sceptique, source directe de la libre-pensée moderne.

3 — *Montaigne est un bon catholique, mais nullement un bon chrétien ; ayant dans l'« Apologie » mis en lumière l'abîme qui sépare la foi et la raison, il a maintenu dans sa pensée et dans ses mœurs, une cloison étanche entre les deux.* Telle est, avec plus ou moins de nuances chez les uns et les autres, la position « moyenne » de Pierre Villey (11), de Jean Plattard (12), de Gustave Lanson (13), de Fortunat Strowski (14), de Jacob Zeitlin (15), de Louis Cons (16), d'Armand Müller (17).

(11) (LXXXIX), II, p.335 : « Sa foi n'est pas une foi de commande, car elle est sincère... surtout ce n'est pas une foi de sentiment ; j'y vois un acte de bon sens, un acte de logique, avec beaucoup de sécheresse et d'indifférence. »
(12) R.S.S., 1929, p.346 : «... La religion de Montaigne est une conséquence de son scepticisme. Sa soumission à la religion catholique est sincère, mais dénuée de tout sentiment religieux, sans aucun rapport avec la théologie. »
(13) (CXVIII) pp.214-216 : « La religion des *Essais* est une religion raisonnable, modérée, faite à la mesure de Montaigne... une religion qu'on ne répand pas sur tous les actes et tous les moments de la vie. »
(14) (LXXXVI), p.214 : « Sentiment religieux, très religieux, mais qui n'est pas exactement et proprement chrétien. »
(15) *The Essays of Michel de Montaigne*, New York, Knopf, 1934. Intr. p.11 : « *(Montaigne) was concerned for the stability of civil government which was involved with the security of the Catholic Church. Religion as an inner light governing the relations of man with his maker was outside the province of his interest.* »
(16) *Montaigne et Julien l'apostat*, « Humanisme et Renaissance », 1937, p.420. Sur l'existence de la fameuse « cloison étanche », Louis Cons a proposé la pittoresque expression : « asepsie spirituelle » (cité par J. Guiton, *loc.cit.*, p.101).
(17) (LXXV) p.88. Armand Müller rappelle l'opinion de Mgr Calvet : « Par la religion, (Montaigne) payait à Dieu un tribut qu'il savait lui devoir et il préparait l'éternité à la-

4 — *Montaigne est bon catholique, par consé-
quent bon chrétien*. L'abbé Joseph Coppin, le R.P.
Aimé Forest (18), le théologien hollandais H. Janssen (19), l'abbé Mathurin Dreano (20) voient ainsi
en Montaigne un chrétien peut-être faible (21),
mais sincère. L'universitaire catholique Marc Citoleux (22) fait de lui un disciple casqué de Sebond,
un chrétien véritable, un théologien chevronné,
rationaliste et naturaliste à la fois. Le P. Sclafert
pense, lui aussi, que la position de Montaigne est
celle d'un chrétien exemplaire et il découvre partout « en filigrane » l'image du Christ dans les

---

quelle il croyait ; par « l'humanitas » il administrait sa vie
éphémère d'homme » et il ajoute : « Cette interprétation
nuancée est assez proche, croyons-nous, de la vérité. Ne
nous contentons pas de parler cependant de « cloison étanche » en donnant à ces mots une signification outranciè-
re. ».
(18) (CIV). Partant de la fameuse phrase « Considerons
doncq pour cette heure... », le R.P. Forest note que Montaigne défend d'abord Sebond contre les extrémistes pour qui
les lumières de la foi sont seules « nécessaires et suffisan-
tes », puis qu'il montre l'inanité de la raison purement
humaine quand elle n'est pas garantie par la foi.
(19) (LXV) Pour Janssen, Montaigne, fidéiste dans l'*Apologie* et dans tous les *Essais*, s'est mépris sur la conception
théologique de Sebond qu'il a tenu pour un fidéiste, non
pour un rationaliste.
(20) L'auteur voit en Montaigne un pyrrhonien qui a la foi
du chrétien. Il insiste sur l'influence augustinienne.
(21) Le terme est de J. Coppin, dans son article « La morale
de Montaigne est-elle purement naturelle ? » *in Mélanges de
Philosophie et d'histoire publiés à l'occasion du cinquante-
naire de la Faculté des Lettres de l'Université catholique de
Lille*, 1929.
(22) (XLVII).

Essais (23). « Montaigne a la foi », écrit, de son côté, Roger Pons, qui ajoute : « Son *Apologie* n'est pas, n'a pas à être un manuel d'apologétique. Mais il a mesuré la misère de l'homme sans Dieu, il ne conçoit pour l'homme de grandeur qu'avec Dieu, à la chrétienne, en s'en remettant pour les difficultés aux gens de métier. » (24) Oliver Naudeau, enfin, dont l'opinion est assez proche de celle du P. Sclafert, estime que l'intention de Montaigne, dans l'*Apologie*, est de faire un acte de foi personnel (25).

Ainsi, la question de la religion de Montaigne reste-t-elle l'occasion des oppositions les plus vives. Au demeurant, les plus vaines, assez souvent. Pourquoi vouloir, à tout prix, faire de Montaigne un chrétien parfait, alors que lui-même nous répète sans cesse le contraire. S'il admire la « hauteur... d'aucunes ames heroïques » (I,37, p.229) il se sent incapable d'y atteindre « dans les nües », lui qui « rampe au limon de la terre », qui a l'âme «commune» (I,39, p.246), qui appartient à la « marmaille d'hommes » (III,13, p.1114) bien éloignés de ces esprits d'élite aptes à s'élever « (b) à une constante et conscientieuse meditation des choses divines » (*ibid*). Ce qu'il nous dit de son goût des plaisirs, de son appétit pour le bonheur terrestre, nous empêche de nous le représenter sous les traits — qui l'eussent bien surpris — d'un ascète, tout comme il serait difficile de voir en lui un mystique.

----

(23) (LXXXV) p.310.
(24) (CXXXIII) p.50.
(25) (LXXVI) p.59.

Mais, est-ce raison, s'il n'est pas un modèle de vertus chrétiennes, de faire de lui un pur rationaliste, voire un athée ? Montaigne s'est toujours déclaré chrétien. Il exècre l'athéisme (II,12, p.439). Les *Essais*, le *Journal de voyage* le montrent récitant le *Pater* avec attention, rempli d'honorables scrupules à l'égard du dogme en ce qui concerne les modalités du sacrement de Réconciliation (26), faisant ses Pâques à Lorette, sensible à la « vastité sombre des Églises, à la diversité d'ornements et ordre des ceremonies... au son devotieux des orgues, à l'harmonie si posée et religieuse des voix » (II.12, p.593) (27). Ses contemporains l'ont considéré comme un authentique catholique. Les *Essais* ont pu, en leur temps, bénéficier de la mansuétude de la censure ecclésiastique ; ils n'ont été mis à l'Index par Rome qu'en 1676 seulement, « dans une situation historique nouvelle » comme l'a bien montré Pierre Spriet (28).

Il paraît donc raisonnable de renoncer à la thèse de la duplicité et d'aborder, dans l'*Apologie*, la pensée religieuse de Montaigne comme celle d'un homme « qui croit et qui prie » (II.12, p.514 c.), d'un esprit qui qualifie la religion de « plus important subject qui puisse estre » (II.12, p.579 a.).

Cette pensée religieuse où se nourrit-elle ? Il est facile de constater que, dans l'*Apologie* comme dans les autres essais, les références aux textes sacrés sont moins nombreuses que les citations des

---

(26) Cf. J.P. Boon, *Montaigne gentilhomme et essayiste,* Éditions Universitaires, Paris, 1971, pp.42-52.
(27) A rapprocher de ce que dit Montaigne un peu plus haut sur le même sujet (II.12, p.514).
(28) (CXXXVIII), p.588.

Anciens. Mais, d'une part, l'association de la foi
chrétienne et de la morale antique n'avait rien qui
pouvait heurter l'esprit catholique du XVIe siècle ;
d'autre part, il semble bien que l'on ait eu tort de
minimiser la connaissance que Montaigne, plus
« versé en théologie » qu'il ne veut bien le dire(29),
avait de la Bible. L'*Apologie* présente, en effet, une
petite trentaine de citations ou de paraphrases de la
Bible, sans compter quelques allusions plus ou
moins précises, soit plus de la moitié des références
bibliques repérées dans l'ensemble des *Essais* (30).
Soutenue ainsi par la « saincte parole » (II.12, p.
442), guidée par cette « sainte verité » que l'âme
de Platon, « grande, mais grande d'humaine grandeur seulement » (II.12, p.446 b.) n'avait pas connue, la pensée religieuse de Montaigne dans l'*Apologie* n'a cependant pas manqué d'être prise à partie. On souligne volontiers que la démonstration de
Montaigne n'aboutit à rien de spécifiquement chrétien, que dans la conclusion — où n'apparaît aucune volonté de Montaigne de se fondre en Dieu — il
ne fait que citer, et citer deux hommes paiens : Plutarque et Sénèque. Mais c'est oublier que Montaigne s'est engagé à ne se servir que des « chetives
armes humaines » pour jeter à bas les prétentions
de la raison à s'immiscer impérieusement dans le
domaine de la foi, qu'il ne contredit pas, de la sor-

(29) Par exemple, encore, dans le chapitre II.16 : « La Theologie traicte amplement et plus pertinemment ce subject,
mais je n'y suis guiere versé » (p.619).
(30) Voir J. Céard, *Montaigne et l'Ecclésiaste. Recherches
sur quelques sentences de la Librairie*, B.H.R., XXXIII,
1971, p.367-374 et Marianne S. Meijer, *Montaigne et la Bible*, B.S.A.M., n° 20, 1976, pp.23-58.

te, la théologie et que sa foi personnelle n'est pas en cause. Sans doute reconnaît-il l'influence des astres sur le comportement des hommes, mais c'est là, au XVIe siècle, position tout à fait admise par l'Église, qui ne condamne que la seule astrologie généthliaque, celle des faiseurs d'horoscopes. Il a, bien sûr, écrit que : « (b) Nous sommes Chrestiens à mesme titre que nous sommes Perigordins ou Alemans » (p.445), mais il ne serait guère honnête de solliciter cette phrase pour lui faire dire autre chose que la constatation par Montaigne d'une opposition, que lui-même déplore, entre les formes sociales, « temporelles », de la religion chrétienne et sa vérité permanente, « en estre », à laquelle l'homme ne peut atteindre que par « l'infusion extraordinaire » de la grâce divine. On relève aussi le passage fameux où M. Baraz (31) affirme que Montaigne trouve dans la démesure et la faiblesse humaines les racines de la vie future : « Ce seroit injustice... de s'arrester à la consideration d'un temps si court, qui est à l'avanture d'une ou de deux heures, ou, au pis aller, d'un siecle, qui n'a pas non plus de proportion à l'infinité qu'un instant ; pour de ce moment d'intervalle, ordonner et establir definitivement de tout son estre. Ce seroit un disproportion inique de tirer une recompense eternelle ou consequence d'une si courte vie » (p.549). Et M. Baraz de voir de l'ironie dans une phrase située un peu plus loin (p.553) : « (a) Mais les plus ahurtez à cette (c) si juste et clere (a) persuasion (c) de l'immortalité de nos esprits

---

(31) (XXXVII) pp.102-103.

(a), c'est merveille comme ils se sont trouvez courts et impuissants à l'establir par leurs humaines forces » en notant que les adjectifs *juste* et *clere* ont été, sans doute, écrits en même temps que le passage immédiatement précédent(p.553),où « l'idée d'immortalité est présentée comme une fiction née d'un égoïsme effréné... » L'interprétation de M. Baraz, qui signale avec raison que « Montaigne emprunte une très grande partie des matériaux de l'*Apologie* aux penseurs les plus foncièrement incroyants connus à son époque : Lucrèce et Sextus Empiricus » mérite assurément considération. Cependant, elle ne va peut-être pas « sans controverse », comme aurait dit Montaigne lui-même (II,8, p.386). En effet, la réflexion de Montaigne sur l'injustice qu'il y aurait de la part de Dieu à infliger à l'âme des peines éternelles pour des péchés commis en une si courte vie, alors même que l'âme est prisonnière d'un corps mortel, cette réflexion s'insère dans une critique des théories platoniciennes, telles qu'elles apparaissent, par exemple, dans le *Phédon*. Montaigne a d'abord contesté, au nom de l'expérience, la théorie platonicienne de la réminiscence (32) (p.458). Il a fait remarquer ensuite ce qu'il y a d'illogique à dire que la prison corporelle étouffe les facultés naturelles de l'âme et à prêter en même temps à cette âme des qualités si grandes qu'elles prouvent sa « divinité et aeternité passée » et « l'immortalité à venir ». Il poursuit alors, introduisant par un « En outre » (33) la

---

(32) *Phédon* (ou *De l'âme*) 72 e, sqq.
(33) Correction de (c). Les éditions antérieures portent *Davantage*, ce qui ne change rien au sens.

phrase qui précède celle là même sur laquelle s'appuie M. Baraz : « En outre, c'est icy, chez nous et non ailleurs que doivent estre considerées les forces et les effects de l'ame : tout le reste de ses perfections luy est vain et inutile : c'est de l'estat present que doit estre payée et reconnue toute son immortalité et de la vie de l'homme qu'elle est contable seulement. » (p.549) On peut voir là une idée personnelle de Montaigne, mais n'est-ce pas plutôt, interprétée par Montaigne, la pensée de Socrate : « En réalité, du moment où il est manifeste que l'âme n'est point mortelle, alors il n'existe pour elle aucune autre échappatoire à ses maux, aucune autre sauvegarde, sinon de se rendre la meilleure possible et la plus sage. L'âme, en effet, n'a rien de plus avec elle, quand elle se rend chez Hadès, que sa formation morale et son régime de vie. » (34) ? Cette pensée de Socrate, Montaigne ne la prend pas à son compte. C'est à son sujet, croyons-nous, qu'il parle d'« injustice », de « disproportion inique » (35), parce que, pour lui, l'homme, dans cette vie et dans l'autre, est bâti d'un corps mortel, comptable de son existence terrestre, et d'une âme, comptable, elle, de son immortalité et non pas seulement d'un passage plus ou moins bref ici-bas(36).

Même si, dans sa revue des thèses relatives à l'immortalité de l'âme, Montaigne s'attarde particu-

(34) *Phédon*, 107, c. d (traduction L. Robin).
(35) Ce que semble confirmer l'ajout manuscrit qui suit aussitôt. Montaigne déclare que Platon a bien vu « l'inconveniant » que présente la thèse de Socrate et il montre comment il y porte remède dans la *République*.
(36) Il va de soi qu'avec Dreano (LIII), p.262 nous ne voyons pas d'ironie dans le passage de la page 553 relevé par M. Baraz.

lièrement (pp.549 sqq.) sur la théorie d'Épicure qui présentait l'âme comme engendrée avec le corps, croissant et vieillissant avec lui, sujette comme lui aux passions les plus diverses, même si la fréquence des citations de Lucrèce place, de façon qui peut paraître suspecte mais qui s'explique par la loyauté intellectuelle de Montaigne, ce passage sous un patronage matérialiste (37), l'auteur de l'*Apologie* croit, pensons-nous, à l'immortalité de l'âme, comme il croit, d'ailleurs, au péché originel, à notre « corruption originelle » (III,5, p.878). Et cela, sans imputer le sentiment qu'ont les hommes de cette immortalité de l'âme à leur faiblesse ou à leur égoïsme. Sans doute, ne trouve-t-on pas dans les *Essais* d'allusion précise au destin des damnés après leur mort (la question ne devait pas préoccuper personnellement Montaigne !), mais, dans l'*Apologie* nous lisons que « de *la* seule liberalité (de Dieu), nous recevons le fruit de l'immortalité, lequel consiste en la jouyssance de la beatitude eternelle » (p.554). De cette immortalité, l'assurance nous a, dit-il, été donnée par la Révélation : « (c) Confessons ingenuement que Dieu seul nous l'a dict et la foi : car leçon n'est ce pas de nature et de nostre raison. » (p.554) (38) Les « (c) esperances et menaces de la vie eternelle » (I,56, p.320)

---

(37) Cf. S. Fraisse, *Une conquête du rationalisme. L'influence de Lucrèce au XVIe siècle,* Paris, 1962 ; P. Hendrick (CXVIII) ; G. Ferreyrolles, Les *citations de Lucrèce dans l'Apologie de R.S.*, B.S.A.M., 5e série, XVII, 1976, pp.49-63.
(38) « C'est, note H. Busson (XLIV) p.444, exactement la position de Pomponazzi, devenue courante, même chez les catholiques ».

s'accomplissent pour Montaigne, comme pour les croyants catholiques, en trois lieux, le ciel (II,12, p.497), appelé ailleurs (II,3, p.360) «Paradis», où sont récompensées les âmes des justes, les « abismes infernaux » (II.12, p.497) où celles des « condamnez » éprouvent déjà les peines éternelles, et le purgatoire dont Montaigne note qu'on trouve l'analogie, « d'une forme nouvelle », dans toutes les nations infidèles et chez les barbares (II.12, p.574). Montaigne recourt donc à des formules traditionnelles pour parler de l'au-delà ; mais en affirmant — ce qui est marque d'une spiritualité certaine — que ces formules recouvrent des réalités « inimaginables », car l'homme du monde céleste sera tout autre que celui de l'univers de nos « commoditez terrestres et finies » » : « (a) Nous ne pouvons dignement concevoir la grandeur de ces hautes et divines promesses, si nous les pouvons (c) aucunement (a) concevoir : pour dignement les imaginer, il les faut imaginer inimaginables, indicibles et incomprehensibles (c) et parfaictement autres que celles de nostre miserable experiance. (a) Oeuil ne sçauroit voir, dict Saint Paul, et ne peut monter en cœur d'homme l'heur que Dieu a preparé aux siens. Et si, pour nous en rendre capables, on reforme et rechange nostre estre (comme tu dis, Platon, par tes purifications), ce doit estre d'un si extreme changement et si universel que, par la doctrine physique, ce ne sera plus nous... Ce sera quelque autre chose qui recevra ses recompenses... Ce qui a cessé une fois d'estre n'est plus. » (38) (pp.518-519) « N'est plus » c'est-à-dire « n'est plus le même », ce qui n'implique nullement une négation de la vie future.

D'autres affirmations de foi — et de foi catholique — jalonnent, nombreuses l'*Apologie* et se trouvent confirmées à diverses reprises dans l'ensemble des *Essais*. Dieu, éternel, « souverain createur » (II. 12, p.579), en qui reluit « l'infinie bonté et beauté » (II.12, p.444), a ordonné l'Univers. Il exerce sa toute puissance à travers la Nature qui, elle, n'est pas éternelle, mais « immortelle » (II,12, p. 520 c). A ce Dieu sur-naturel (39), tout puissant, inaccessible à notre intelligence (40) (ce qui est dans le' droit fil de la pensée augustinienne), nous devons nous en remettre, avec la plus absolue confiance. Ce qu'il fait à notre égard, « il le fait par les raisons de sa providence », qui « regarde bien plus certainement ce qui nous est deu que ce que nous pouvons faire et le devons prendre en bonne part, comme d'une main très sage et très amie » (II.12, p.577).

---

(39) Contrairement à ce que pensait Sainte-Beuve, il n'y a aucun panthéisme dans les *Essais*. La nature qui fait partie de la création dépend de Dieu, elle ne se confond pas avec lui, comme on l'écrit souvent, notamment à propos de l'essai III,13.

(40) « (a) C'est à Dieu seul (c) de se congnoistre (a) et d'interpreter ses ouvrages » (II.12, p.499). « De toutes les opinions humaines et anciennes touchant la religion, celle-là me semble avoir eu plus de vraysemblance et plus d'excuse, qui reconnoissoit Dieu comme une puissance incomprehensible origine et conservatrice de toutes choses, toute bonté, toute perfection, recevant et prenant en bonne part l'honneur et la reverence que les humains luy rendoient soubs quelque visage (c), sous quelque nom (a) et en quelque maniere que ce fut. » (II,12, p.513) Sans doute, Montaigne ne parle-t-il pas ici du Dieu de l'Évangile, mais sa définition peut se prévaloir de l'autorité de Saint Augustin : « qui assimilait, lui aussi, le Dieu des Chrétiens au dieu platonicien, tout de perfection ».

Au Christ, André Gide dit que Montaigne « ne pense à peu près jamais ». Reconnaissons que le Christ n'est pas souvent cité dans les *Essais* (41), mais que Montaigne mentionne volontiers le rôle de la société que Jésus a fondée : l'Église, chargée de transmettre la Révélation, de rappeler le don du Fils de l'homme qui transforme l'histoire incertaine des hommes en une histoire assurée du salut. Avant le christianisme, la religion n'était qu'une pièce de l'invention humaine (II,12, b. 579). Depuis, Dieu a « (c) desniaisé nostre creance de ces vagabondes et arbitreres devotions » et l'a « logée sur l'aeternelle base de sa saincte parole » (*ibid.*). En matière de « choses divines », la saincte lampe de la vérité, c'est l'Église catholique qui la tient, dont les enseignements s'imposent à la raison humaine car − et c'est là critique des protestants − « nous voyons... journellement, pour peu qu'elle se démente du sentier ordinaire et qu'elle se destourne ou escarte de la voye tracée et battuë par l'Église, comme tout aussi tost elle se perd, s'embarrasse et s'entrave, tournoyant et flottant dans cette mer vaste, trouble et ondoyante des opinions humaines, sans bride et sans but. Aussi tost qu'elle perd ce grand et commun chemin, elle va se divisant et dissipant en mille routes diverses » (II.12, p.520). Montaigne, quant à lui, se défie de la « nouvelleté », quelque appa-

---

(41) On le trouve par exemple au III.5, p.360 et, avec celui de Marie en I,56, p.227 : « ce nom Sacro-saint de la Vierge mere de nostre Sauveur ». Ailleurs, il parle du Christ comme de « notre saint guide », « notre grand roi divin et celeste ». Montaigne le vénère, mais il tient que l'imitation de Jésus n'est possible qu'à l'homme qui a bénéficié de la « divine et miraculeuse métamorphose ».

rence qu'il y ait en elle, et il s'est « par la grace de Dieu, conservé entier, sans agitation et trouble de conscience, aux anciennes creances de sa religion, au travers de tant de sectes et de divisions que *son* siecle a produittes » (II,12, p.569). Déclaration explicite, qu'on ne peut rejeter, sauf à voir de l'hypocrisie partout. En fait, tout ce que nous pouvons savoir de la spiritualité de Montaigne tient en de pareilles affirmations. Cette spiritualité se fonde essentiellement sur l'obéissance à l'Église traditionnelle, dépositaire indiscutable de la vérité révélée. Expliquer une telle position par du scepticisme intellectuel, par du conservatisme politique ne permet sans doute pas d'aller au fond des choses. Il y a, certes, intérêt à rapprocher de l'*Apologie* le chapitre *De la coustume* (I,23), mais les préoccupations ne sont pas les mêmes dans l'un et l'autre chapitre. En réalité, Montaigne a le sentiment qu'une distance infinie sépare la créature de son Créateur et que, sauf pour quelques âmes « saintes », cette distance ne peut être réduite que par la médiation de l'Église. Toute sa foi passe, alors, par cette Eglise, secours et garantie pour les hommes déchus que nous sommes: inexorablement condamnés à l'incertitude, si la lumière de la grâce ne nous est pas donnée pour que nous fassions nôtres les vérités ainsi révélées et transmises. Nous sommes ici au cœur même de la pensée religieuse de Montaigne, où la grâce et la foi constituent les éléments essentiels de la relation entre l'homme et son Créateur. La grâce (« et cognoissance divine ») nous ouvre la voie féconde de la vérité, que, sans elle, notre faiblesse de créatures imparfaites corrompt et abâtardit : « Or, nos raisons et discours humains, c'est comme la matiere lourde et sterile : la grace de Dieu en est la forme (42) ; c'est elle qui y donne la façon et le prix. » (II,12, p.447) Cette grâce est un don de Dieu, qu'il nous accorde « d'une faveur extraordinaire et privilégée » (II.12, p.441). Don de Dieu également, « pur present de la liberalité d'autruy » (II.12, p.500), la foi est la réponse de l'homme à l'appel de la Grâce, l'engagement par lequel son âme se joint au Créateur. Elle seule « embrasse vivement et certainement les hauts mysteres de nostre Religion » (II.12, p.441). Grâce et foi sont donc intimement liées dans une même opération « formatrice », éclairante, salvatrice : « nos imaginations et discours ont quelque corps, mais c'est une masse informe, sans façon et sans jour, si la foy et grace de Dieu n'y sont joinctes » (II.12, p. 447). Ainsi, pour Montaigne, la connaissance des choses divines, inaccessible à l'homme réduit à ses propres forces, ne se conçoit qu'avec la grâce et la foi ; elle n'est possible, à ses yeux, qu'appuyée sur la sainte Parole, que sous l'éclairage de la Sainte Écriture, interprétée par l'Église catholique. On comprend, dès lors, l'acharnement qu'il met à combattre l'orgueil d'une raison humaine qui affirmerait — comme c'est le cas dans la théologie purement naturelle — sa capacité à démontrer par elle-même l'existence de Dieu.

Est-ce à dire que la pensée religieuse de Montaigne n'accorde aucune place à la raison, dont

---

(42) Le mot *forme* a ici le sens philosophique d'*essence* et cet autre, plus concret, de *moule*. La grâce maintient dans le cadre permanent de la vérité nos raisons individuelles, divagantes. Elle seule les fait participer à l'être.

Saint Augustin (43) lui-même — l'une des sources les plus importantes de l'*Apologie* — faisait pourtant la condition première de la possibilité de la foi ? Se trouve ainsi posé le problème du « fidéisme » de Montaigne. De ce mot, pour que les choses soient claires, reprenons la définition que fournit le *Dictionnaire de Théologie Catholique* : « une tendance à donner trop peu à la raison, trop à la foi ou à la croyance... un système qui met la foi à la base de toute notre connaissance ou du moins de toute notre connaissance religieuse, qui n'admet pas qu'on prouve d'abord les préambules de la foi par la raison naturelle et qu'ainsi la raison conduise à la foi ». Dès lors, Montaigne est-il un fidéiste, et un fidéiste sincère, comme l'écrit H. Janssne ? N'a-t-il, au contraire et selon l'opinion de l'abbé Giercyński, pris dans l'*Apologie* un « masque fidéiste » que pour mieux faire passer, sous ce « travestissement » le rationalisme radical de sa pensée ? (44) Disons le tout net : il est, dans l'*Apologie* tellement de déclarations de Montaigne sur la nécessité de la foi pour sauver la raison du doute que l'on ne peut, sans faire à Montaigne un procès d'intention, se rallier, avec l'abbé Giercyński, à la thèse d'un fidéisme de pure apparence. Il semble, d'autre part, nécessaire de nuancer ce que l'on ap-

---

(43) Cf. l'article d'Elaine Limbrick (CXXII) et celui qui doit paraître prochainement dans la R.R. de Mary Mc Kinley, *The City of God and the City of Man : Limits of Language in Montaigne's Apologie*. La première partie du livre de R.L. Regosin (CXXXI) traite aussi des aspects augustiniens du projet de Montaigne.
(44) (LXV) p.165 et (CIX) pp.5-7.

pelle d'ordinaire le fidéisme de Montaigne. Dans ses attaques contre l'orgueil humain, considéré comme le plus grand obstacle à la foi, dans sa volonté de rabattre les prétentions de tous les esprits dogmatiques, Montaigne a certainement accordé beaucoup à la foi et à la grâce, mais son « fidéisme » ne va pas jusqu'à estimer que la foi est trop haute pour être accessible à la raison et qu'elle n'a partie liée qu'avec la grâce. L'indique clairement un passage de la réponse faite à la première objection adressée à Sebond : C'est « une très belle et très louable entreprinse d'accommoder... au service de nostre foy les utils naturels et humains que Dieu nous a donnez » (II.12, p.441). Ainsi, à condition que les mouvements de la raison soient subordonnés à l'inspiration divine, la raison humaine, l'entendement de l'homme peuvent aider à la connaissance surnaturelle, « accompaigner nostre foy ». Car la raison elle-même dépend de la grâce (le péché c'est de croire qu'elle dépend de nous) et, à ce titre, elle offre au service de notre foi un concours non négligeable : « La foy venant à teindre et illustrer les arguments (rationalistes) de Sebond, elle les rend fermes et solides : ils sont capables de servir d'acheminement et de premiere guyde à un aprentis pour le mettre à la voye de cette connaissance ; ils le façonnent aucunement et le rendent capable de la grace de Dieu par le moyen de laquelle se parfournit et se perfet, après, nostre creance. » Si donc le fidéisme n'admet pas que la raison puisse, à sa place, conduire à la foi, il est difficile, croyons-nous, de parler vraiment de fidéisme à propos de Montaigne, pour qui, en fait, la grâce, la foi, la raison et la volonté humaine interviennent pour permettre à l'homme d'avoir, en tant qu'il est homme, la connaissance des choses divines. La foi, acquiescement de la volonté de l'homme à la grâce de Dieu, permet à la raison, dépendante elle-même de la grâce, d'acheminer la créature vers une connaissance surnaturelle que la grâce augmente et parfait encore. On peut, dès lors, apercevoir ce qui fait l'originalité de la pensée religieuse de Montaigne. Dans le sillage de Saint Thomas d'Aquin, qui suivait lui-même Aristote, un courant « réaliste » avait affirmé depuis le Moyen Age, que, par l'effort de notre pensée, nous pouvions savoir avec certitude que « Dieu est », que nous pouvions connaître valablement le monde, que nous pouvions, au moins par analogie, comprendre rationnellement le dogme. Les thomistes de la fin du XVe siècle, gauchissant un peu les conceptions du maître, avaient, ainsi, tenté de concilier foi et raison en élaborant une théologie fondée sur la connaissance rationnelle. A ces théories « réalistes » s'étaient rapidement opposés Duns Scot (1266-1308) et surtout Guillaume d'Occam (1280-1349), « venerabilis inceptor » du courant « nominaliste », qui, niant la réalité du concept universel, affirmait que nous ne pouvions connaître que des apparences, que le fond des choses nous échappait, que Dieu nous était radicalement inconnaissable par la raison et qu'il nous fallait seulement l'accepter, dans un acte de foi pur et simple. C'est cette conception « nominaliste » que devaient reprendre, en la corrigeant et en la dépassant, des mystiques comme les « Frères de la Vie Commune » (45) désireux d'atteindre Dieu par

---

(45) L'idéal des « Frères de la Vie Commune » et des chanoines augustins de Windesheim (fin du XIVe siècle) s'ex-

d'autres moyens que ceux d'une inefficace raison raisonnante, et, derrière eux, un Pierre d'Ailly, un Jean Gerson dont les livres, fort répandus à la fin du XVe siècle, proposaient une théologie du sentiment, empreinte d'Augustinisme (46) et dans laquelle dominaient, non pas l'intelligence, mais la foi et la contemplation, seules capables de nous faire saisir l'essence divine, inaccessible à la raison. Pour l'essentiel, c'est à cette tradition nominaliste que Montaigne se rattache dans l'*Apologie* qui est, comme le note justement Elaine Limbrick, « *an example of a meditation upon the irrationality of faith* » (47). En rapport, sans doute, avec cette « théologie négative » de Denys d'Aréopagite et de Nicolas de Cuse — exaltation de la transcendance divine et affirmation du mystère insondable de Dieu — qu'avaient reprise et favorisée les Evangéliques (48). Mais d'autre part, en défendant Sebond, en reconnaissant un certain rôle — non primordial certes — à la raison et à l'entendement humains dans l'approche des vérités religieuses, il garde quelque chose des théories réalistes qu'avait précisément soutenues Sebond dans sa *Théologie Naturelle*.

---

prime parfaitement dans le livre de Gérard de Groot, revu par Thomas Kempis : *L'imitation de Jésus Christ*.
(46) Voir l'article de Portalié sur Saint-Augustin dans *le Dictionnaire de Théologie catholique*, Paris, Letouzey et Ané, 1937.
(47) (CXXIV) p.76.
(48) Cf. *Heptaméron* XXVIe journée, p.214, éd. M. François : « Dieu incongneu de l'homme, sinon par la foy ». La même idée d'un Dieu parfaitement incompréhensible se retrouve chez Ronsard. Voir V.L. Saulnier, *Des vers inconnus de Ronsard, Ronsard et les Lavardin*, B.H.R., XXXIX, 1977, pp.229-238.

Résumons. Montaigne est convaincu que l'imperfection essentielle de la créature par rapport au Créateur (49) explique que, contrairement à ce qu'affirmait Sebond, l'homme ne puisse comprendre Dieu et le monde par ses seuls « utils naturels ». Il suivait là un courant néoplatonicien et mystique que les Evangéliques avaient vulgarisé à la fin de la première moitié du XVIe siècle. Il y avait trouvé — ou retrouvé — l'idée d'un « Dieu qui est en soy toute plenitude et le comble de toute perfection » (II.16, p.618) et celle d'hommes « tous creux et vuides » (II.16, p.618), « vent et fumée » (II.12, p.489), « tourbe et cendre » (II.12, p.499) et il pouvait, dans un ajout manuscrit, s'autoriser et de Tacite et de Saint Augustin pour proclamer que c'est par l'ignorance qu'on arrive le mieux à la connaissance de Dieu. « (c) Melius scitur deux nesciendo, dict s. Augustin et Tacitus : Sanctius est ac reverentius de actis deorum credere quam scire » (II.12, p.499). Aussi ne pense-t-il pas, à la différence de Saint Augustin et de Sebond, que l'homme puisse, à travers les traces de vérité qu'offre la représentation terrestre, s'élever de son propre mouvement vers la Vérité. Seule permet cette ascension une intervention particulière de Dieu qui descend, en quelque sorte, vers l'homme pour lui prêter la main : pour l'aider à dépasser les contradictions inhérentes à sa nature et au langage et à

---

(49) C'est, en effet, relativement à la perfection du Créateur que la créature est imparfaite. Elle ne l'est pas en elle-même. Son péché premier, le « cuider d'où (naist) tout peché », tient dans sa volonté orgueilleuse de s'égaler à Dieu, de vouloir joindre l'imparfait au parfait.

s'approcher ainsi d'un principe divin hors de sa portée : « Il s'eslevera si Dieu lui preste extraordinairement la main. » (II.12, p.604) (50) Mais il croit que, dans cette ascension, les moyens intellectuels, les « utils naturels » mis à la disposition des hommes par Dieu sont inséparables des moyens surnaturels, que les hommes doivent donc les mettre en œuvre selon leur valeur : en quoi il tient pour utile aux chrétiens ordinaires la *Théologie Naturelle* de Raimond Sebond.

Une conception si compréhensive s'explique aisément par l'une des idées maîtresses de Montaigne : celle de l'unité de l'homme, qu'il ne faut « mespriser », mutiler, dans aucune composante de sa réalité vivante (51). La spiritualité de Montaigne s'affirme à partir d'une prise en compte globale, totale, de la nature de l'homme et de sa situation. Créature dépendante d'un souverain plein de bonté, l'homme a besoin, pour connaître son Créateur, de la grâce que celui-ci lui accorde de sa seule libéralité. A cette grâce, l'homme, créature libre, peut répondre – ou non – par la foi. S'il accepte cette grâce, il a, créature intelligente, le devoir d'associer

---

(50) Là encore, on peut le rapprocher des Évangéliques du XVIe siècle.

(51) Jamais il ne dissocie le corps, l'âme et l'esprit. Cf. II. 17, p.639 : « La justice divine embrasse cette societé et joincture du corps et de l'ame, jusques à rendre le corps capable de recompenses eternelles » et III.13, p.1114 : « Que l'esprit esveille et vivifie la pesanteur du corps, le corps arreste la legereté de l'esprit et la fixe. » C'est d'ailleurs l'un des griefs qu'il fait aux protestants qui « nous ont voulu bastir, ces années passées, un exercice de religion si contemplatif et immateriel » (III.8, p.930) : ils ne tiennent pas assez grand compte de la nature corporelle de l'homme.

aussi sa raison à sa foi, mais à condition d'avoir
toujours présente à l'esprit la considération de ses
imperfections naturelles, de ne jamais s'abandonner
à un fol orgueil qui lui ferait dépasser les limites de
l'humain, qui le conduirait à cette attitude « impossible et monstrueuse » de vouloir « faire la poi-
gnée plus grande que le poing, la brassée plus grande que le bras... et esperer enjamber plus que l'es-
tandüe de *ses* jambes » (52) (II.12, p.604). Au total, en matière de pensée religieuse, Montaigne,
catholique sincère (53), se réfère, comme ailleurs,
à sa règle cardinale : « Tout l'homme, mais l'homme qui doit conduire l'homme selon sa condition. » (54)

---

(52) Cf. *Théologie naturelle*, ch. LXV : « Or d'autant qu'il
est impossible que la créature enjambe au dessus de son
Createur. »
(53) Signalons ici la thèse de Morris G. Wray (XL) qui relit
Montaigne et l'*Apologie* en particulier en adoptant systématiquement (ou presque) une optique « protestante ».
(54) *Essais*, III, 13, p. 1114.

CHAPITRE VI

LA MANIERE DE MONTAIGNE
DANS L'« APOLOGIE »

Une remarque préliminaire s'impose à qui veut rendre, même sommairement, compte de la manière de Montaigne dans l'*Apologie* : toute une série de pages de cet essai reproduisent presque littéralement des emprunts faits par Montaigne à d'autres auteurs. Ainsi, à la fin de l'*Apologie*, le long passage relatif à l'impossibilité pour l'homme d'avoir communication à l'être (pp.601-603) reprend, pour ainsi dire mot à mot, comme on le verra ci-dessous, la traduction par Jacques Amyot du traité *Que signifioit ce mot Ei* (1) :

_____

(1) Plutarque, *Oeuvres Morales*, 1572, tome I, XLVIII.

Amyot	Montaigne (p.601)

Nous n'avons aucune participation du vray estre, pource que toute humaine nature est toujours au milieu entre le naistre et le mourir, ne baillant de soy qu'une obscure apparence et umbre, et une incertaine et debile opinion : et si d'adventure vous fichez vostre pensée à vouloir prendre son estre, ce sera ne plus ne moins que qui voudroit empoigner l'eau, car tant plus il serrera et pressera ce qui de sa nature coule partout, tant plus il perdra ce qu'il vouloit retenir et empoigner : ainsi estans toutes choses subjectes à passer d'un changement en un autre, la raison y cerchant une reelle subsistance se trouve deceuë, ne pouvant rien apprehender de subsistant à la verité et permanant, parce que tout ou vient en estre et n'est pas encore du tout, ou commance à mourir avant qu'il soit né.

Nous n'avons aucune *communication à l'estre, parce que* toute humaine nature est toujours au milieu entre le naistre et le mourir, ne baillant de soy qu'une obscure apparence et ombre et une incertaine et debile opinion. Et si, *de fortune*, vous fichez vostre pensée à vouloir prendre son estre, ce sera ne plus ne moins que qui voudroit empoigner l'eau : car tant plus il serrera et pressera ce qui de sa nature coule par tout, tant plus il perdra ce qu'il vouloit *tenir* et empoigner. Ainsin, estant toutes choses subjectes à passer d'un changement en autre, la raison, y cherchant une reelle subsistance se trouve deceue, ne pouvant rien apprehender de *subsistant et permanant*, par ce que tout ou vient en estre et n'est pas encore du tout, ou commence à mourir avant qu'il soit nay.

Les modifications, ici, sont insignifiantes. Pour cette grave affirmation de solitude ontologique où l'avait conduit sa réflexion sceptique, Montaigne n'a pas pensé qu'il pouvait mieux dire qu'Amyot : il l'a simplement recopié.

Il est, en revanche, d'autres passages où il prend plus de libertés avec son modèle. Dans les histoires d'animaux, par exemple, J. Vianey (2) a montré comment Montaigne avait remanié celles d'une pie qui sonne de la trompette (II.12, p. 465), d'un chien qui fait arrêter un larron (II.12, p.476) d'une délibération de fourmis (II.12, p. 468). Nous proposons ici la confrontation des textes d'Amyot et de Montaigne pour l'anecdote du chien de bateleur.

Amyot	Montaigne (p.464)
Ce chien servoit à un basteleur qui jouoit une fiction à plusieurs mines et plusieurs personnages et y representoit le chien plusieurs choses convenables à la matiere subjette, mesmement l'espreuve que l'on faisoit sur luy d'une drogue ou d'une medecine qui avoit force de faire dormir, mais que l'on supposoit avoir force de faire mourir, il prit le pain où la drogue estoit meslée, et, peu d'espace après l'avoir avallé, il commença, ce sembloit, à trembler et	Ce chien servoit à un bateleur qui jouoit une fiction à plusieurs mines et à plusieurs personnages et y avoit son rolle. Il falloit entre autres choses qu'il contrefît pour un temps le mort pour avoir mangé de certaine drogue : après avoir avalé le pain qu'on feignoit estre cette drogue, il commença tantost à trembler et branler, comme s'il eut esté estourdi ; finalement, s'estandant et se roidissant, comme mort, il se laissa tirer et traisner d'un lieu à autre, ainsi que

_____

(2) (CXLI).

branler comme s'il eust esté tout estourdy, finablement s'estendant et se roidissant comme s'il eust esté mort, il se laissa tirer et trainner d'un lieu à autre, ainsi que portoit le subject de la farce : puis quand il cogneut à ce qui se faisoit et disoit, qu'il estoit temps, alors il commença premierement à se remuer tout bellement, comme s'il se fust revenu d'un profond sommeil, et levant la teste regarda çà et là : dont chascun des assistans fut fort esbahy.

portoit le subject du jeu ; et puis, quand il cogneut qu'il estoit temps, il commença premierement à se remuer tout bellement comme [(c) *ainsi que*] s'il se fut revenu d'un profond sommeil et, levant la teste, regarda çà et là d'une façon qui estonnoit tous les assistans.

Du récit d'Amyot, Montaigne ne retient que l'essentiel : il abrège, il gagne en rapidité, en densité ; il choisit le mot juste (*jeu*), supprime un archaïsme (*finablement*). Lui qui déclare : « le meilleur conte du monde se seche entre mes mains et se ternit » (II,17, p.637) nous montre, au contraire, dans l'*Apologie*, ses talents de conteur.

Si l'on examine maintenant les pages de l'*Apologie* où Montaigne ne suit pas de près une source, celles où il écrit lui-même, il n'est pas aisé de distinguer un style propre à l'essai II.12, même si l'intention rhétorique y est souvent plus apparente que dans les autres chapitres. Se retrouvent, en effet, ici, les qualités bien connues du style de Montaigne :

A – La VIGUEUR, d'abord, qu'il obtient par divers procédés :

I – *L'accumulation*, sensible à travers les groupes binaires de termes – volontiers allitérants (3) – d'une synonymie très proche (4) :
> – « (c) les deschirements et desmembrements des Corybantes » (p.522).
> – « En outre, c'est ici, chez nous et non ailleurs, que doivent estre considerées les forces et effects de l'ame ; tout le reste de ses perfections luy est vain et inutile. » (p. 549).

mais, surtout, dans les énumérations plus largement développées :
> – « Il n'y a pas plus de retrogradation, trepidation, accession, reculement, ravissement, aux astres et corps celestes, qu'ils en ont forgé en ce pauvre petit corps humain.» (p.537)
> – «... nous avons pour nostre part l'inconstance, l'irresolution, l'incertitude, le deuil, la superstition, la solicitude des choses à venir, voire après nostre vie, l'ambition, l'avarice, la jalousie, l'envie, les appetits desre-

---

(3) Les groupes allitérants sont fréquents. En voici quelques-uns : « prelats et peuple » (p.442) « de consentement et de consolation » (p.495) « pueriles et pures ames » (p. 521), etc.

(4) Lorsque les membres des groupes ne sont pas synonymes, ils sont souvent associés par un jeu d'échos : « chatouillement et esguisement » (p.493) ; « cuisante et mordante » (*ibid.*).

glez, forcenez et indomptables, la guerre, la mensonge, la desloyauté, la detraction, la curiosité. » (p.486)

— « (c) Quoi des mains ? nous requerons, nous prometons, apelons, congedions, menaçons, prions, supplions, nions, refusons, interrogeons, admirons, nombrons, confessons, repentons, creignons, vergouignons, doubtons, instruisons, comandons, incitons, encorageons, jurons, tesmouignons, accusons, condamnons, absolvons, injurions, mesprisons, deffions, despitons, flatons, applaudissons, benissons, humilions, moquons, reconcilions, recommandons, exaltons, festoions, rejouissons, compleignons, attristons, desconfortons, desesperons, estonons, escrions, taisons ; et quoi non ? d'une variation et multiplication à l'envi de la langue. De la teste : nous convions, nous renvoions, advouons, desadvouons, desmantons, bienveignons, honorons, venerons, desdeignons, demendons, esconduisons, esgaïons, lamentons, caressons, tansons, summettons, bravons, enhortons, menaçons, assurons, enquerons. » (p.454)

2 — *La répétition*. Montaigne aime reprendre dans une même phrase des mots appartenant à une même famille étymologique. Ce goût s'observe surtout dans les ajouts postérieurs à 1588 :

— « (c) la neantise du compas et du compasseur » (p.557)

— « (c) et le differente lon a soi mesmes selon le differant cours des choses » (p.587)

> — « (c) Mais nostre veiller n'est jamais si esveillé qu'il purge et dissipe bien à point les resveries, qui sont les songes des veillans, et pires que songes. » (p.596)

3 — *L'antithèse.* C'est l'un des procédés préférés de Montaigne, qui l'emploie à l'imitation de Sénèque, dont il aime le style aigu (III.8, 941), mais surtout parce que sa pensée s'exprime mieux dans une lumière rendue plus éclatante par la présence de l'ombre (5) :

> — « (c) Il nous faut abestir pour nous assagir et nous esblouir pour nous guider. » (p. 492)
>
> — « sans leur agitation, elle resteroit sans action » (p.567).
>
> — « (c) Nostre veillée est plus endormie que le dormir ; nostre sagesse, moins sage que la folie. » (p.568)
>
> — « Les fievres ont leur chaud et leur froid: des effects d'une passion ardente nous retombons aux effects d'une passion frilleuse. » (p.569)

Le chiasme, très fréquent chez Montaigne, renforce, à l'occasion, l'antithèse, relevée parfois d'un jeu de sonorités :

> — « Il s'en faut tant que nous puissions arriver par imitation que, par imagination mesme, nous ne les pouvons concevoir. » (p. 468)

---

(5) A. Glauser (LX) p.153.

  — « Si ce n'est que, où la force luy manque, elle veut user de ruse. » (p.494)
  — « (c) Comant pouvoit ce Dieu antien plus cleremant accuser en l'humaine conoissance l'ignorance de l'estre divin. » (p.578).

Il arrive, enfin, que l'antithèse devienne véritable oxymore :
  — « Il leur fallut desprier ses prieres. » (p. 576)
  — « (c) L'humaine sciance ne peut se maintenir que par raison desraisonable. » (p. 592)

  4 – *La litote* :
  — « Au moins, dit-il, est-ce une non legiere consolation à l'homme de ce qu'il voit Dieu ne pouvoir pas toutes choses. » (p.528)

  B – Tout autant que la vigueur, le PITTORES-QUE caractérise le style de Montaigne. La métaphore du bâtiment de l'univers et de son architecte est partout présente dans l'*Apologie* (6). Abondent, aussi, les comparaisons heureuses, empruntées le plus souvent à des registres de la vie familière :
  — « Il est advenu aux gens veritablement sçavans ce qui advient aux espics de bled : ils vont s'eslevant et se haussant, la teste

_____

(6) La même métaphore est appliquée à la science : « cette infinie et perpetuelle altercation et discordance d'opinions et de raisons qui accompaigne et embrouille le vain bastiment de l'humaine science » p.553.

droite et fiere tant qu'ils sont vuides ; mais, quand ils sont pleins et grossis de grain en leur maturité, ils commencent à s'humilier et à baisser les cornes. » (p.500)

— « C'est pitié que nous nous pipons de nos propres singeries et inventions... comme les enfans qui s'effrayent de ce mesme visage qu'ils ont barbouillé et noircy à leur compaignon. » (p.530)

— « Il en adviendroit par là que tout le vulgaire (c) et nous sommes tous du vulguere, auroit sa (a) creance contournable comme une girouette. » (p.590)

— « Si elles (les opinions) ont leur revolution, leur saison, leur naissance, comme les chous... » (p.575)

— « Les espris des hommes tantost gaillars, tantost maigres, comme nos chams. » (p. 575)

Avec les images, donnent aussi du pittoresque au style de Montaigne des expressions du langage figuré, comme *faire de ses œufs poules* (exagérer sa valeur), *mettre en chemise*, p.490 (dépouiller) : *discourir à boule veue*, p.540 (fonder un raisonnement sur une base dont la solidité soit certaine et reconnue).

C — Autre qualité des *Essais* qui se retrouve dans l'*Apologie* : la VIVACITÉ. Elle résulte notamment de l'emploi :

— *de la personnification* :

— « La raison va tousjours et torte et boiteuse et deshanchée. » (p.565)

— *de l'interpellation, combinée, ici, avec l'interrogation.*

— « Mets le cas, ô homme que tu ayes peu remarquer icy quelques traces de ses effets : penses-tu qu'il y ait employé tout ce qu'il a peu et qu'il ait mis toutes ses formes et toutes ses idées en cet ouvrage ? Tu ne vois que l'ordre et la police de ce petit caveau où tu es logé, au moins si tu la vois... » (p.523)

— *de l'exclamation, associée ailleurs à l'apostrophe.*

— « (b) Somme le bastiment et le desbatiment, les conditions de la divinité se forgent par l'homme selon la relation à soy. Quel patron et quel modele ! Estirons, eslevons et grossissons les qualités humaines tant qu'il nous plaira ; enfle toy, pauvre homme et encore et encore et encore. » (p. 531)

Ce dernier exemple nous conduit à ce qui est peut-être le plus caractéristique de la manière de Montaigne dans l'*Apologie*, le discours polémique, qui vise à ruiner les prétentions de la raison humaine dépourvue de la grâce divine.

Nous frappent, en effet, dans l'*Apologie* une certaine éloquence, lente et incisive à la fois, inhabituelle dans les *Essais*, un ton de prédicateur ou de sermonnaire qui tranche sur le ton, d'ordinaire plus souple, de Montaigne. Ainsi, à la page 553 : « C'est pour le chastiement de nostre fierté et instruction de nostre misere et incapacité que Dieu produisit le trouble et la confusion de l'ancienne tour de Babel. Tout ce que nous entreprenons sans son assistance, tout ce que nous voyons sans la lampe de sa grace, ce n'est que vanité et folie ; l'essence mesme de la

verité, qui est uniforme et constante, quand la fortune nous en donne la possession, nous la corrom-
pons et abastardissons par nostre foiblesse. Quelque train que l'homme preigne de soy, Dieu permet
qu'il arrive toujours à cette mesme confusion, de
laquelle il nous represente si vivement l'image par
le juste chastiement dequoy il batit l'outrecuidance
de Nembrot et aneantit les vaines entreprinses du
bastiment de sa Pyramide : (c) *Perdam sapientiam
sapientium et prudentiam prudentium reprobabo.*»
Et, plus haut, dans le passage célèbre où Montaigne
nous présente cet « homme seul », «miserable et
chetive creature », présomptueuse cependant, qui
trouvera sa contrepartie dans l'homme « nud et
vuide », mais « humble » et « disciplinable » des
Pyrrhoniens (p.506) : « Considerons donq pour
cette heure l'homme seul, sans secours, estranger,
armé seulement de ses armes et (c) despourveu (7)
(a) de la grace et cognoissance divine, qui est tout
son honneur, sa force et le fondement de son estre.
Voyons combien il a de tenue en ce bel equipage.
Qu'il me face entendre par l'effort de son discours,
sur quels fondemens il a basty ces grands avantages
qu'il pense avoir sur les autres creatures. Qui (8)
luy a persuadé que ce branle admirable de la voute
celeste, la lumiere eternelle de ces flambeaux rou-
lans si fierement sur sa teste, les mouvemens espou-
vantables de cette mer infinie, soyent establis et se
continuent tant de siecles pour sa commodité et

---

(7) Le texte de 1580-1588 donnait « desgarny ».
(8) Peut-être neutre ici : qu'est-ce qui ?

pour son service ? Est-il possible de rien imaginer que cette miserable et chetive creature, qui n'est pas seulement maistresse de soy, exposée aux offenses de toutes choses, se die maistresse et emperiere de l'univers, duquel il n'est pas en sa puissance de cognoistre la moindre partie, tant s'en faut de la commander ? Et ce privilege qu'il s'atribue d'estre seul en ce grand bastimant, qui ayt la suffisance d'en recognoistre la beauté et les pieces, seul qui en puisse rendre graces à l'architecte et tenir conte de la recepte et mise du monde, qui luy a seelé ce privilege ? Qu'il nous monstre lettres de cette belle et grande charge ? (c) Ont-elles esté ottroïées en faveur des sages seulement ? Elles ne touchent guiere de gens. Les fols et les meschans sont-ils dignes de faveur si extraordinere et, estant la pire piece du monde, d'estre praeferés à tout le reste ? » (pp. 449-450). Dans cette page que l'ajout de (c) conclut sur un dilemme de type scolastique (9), rapide raisonnement par l'absurde destiné à accabler définitivement un contradicteur éventuel, toutes les phrases commencent par un ordre ou par une question, d'où l'abondance des impératifs : *Considerons, voyons, qu'il me face entendre, qu'il nous* (10) *monstre*, et des interrogations oratoires : *Qui luy a persuadé ? qui luy a seelé ?* (11) *Ont-elles ? Sont-ils ?* Ici, la phrase se gonfle d'éléments de

---

(9) Inspiré du *De natura deorum* de Cicéron, I,9.
(10) On notera la progression du *me* au *nous*.
(11) L'interrogation vient, ici, en fin de phrase, alors qu'elle était au début de deux périodes précédentes. Souci de variété.

plus en plus longs : *seul / sans secours estranger / armé seulement de ses armes, et despourveu de la grace et cognoissance divine.* Là, trois groupes-sujets, étoffés de façon inégale (le moins long, le plus long, celui qui est de longueur intermédiaire) précèdent deux verbes en groupement binaire (*soyent establis et se continuent tant de siecles*), suivis eux-mêmes de deux compléments relativement courts qui ramènent l'homme à sa véritable et petite dimension : *pour sa commodité et pour son service.* Ailleurs, c'est la reprise anaphorique qui donne volume et mouvement à l'expression périodique (12), chargée de rendre sensible l'outrecuidant orgueil de l'homme : *seul ... qui ayt la suffisance ; seul qui en puisse.*

Une indiscutable recherche de l'éloquence, donc, qui se veut au service d'une féroce ironie. Non seulement l'emploi de l'adjectif *bel* (« en ce bel equipage ») donne le ton (13), mais la composition même des phrases met en relief l'opposition entre la « deneantise » de l'homme et l'immensité de sa prétention, que Montaigne entend confondre en appelant l'univers entier au secours de son entreprise de démolition ; ce qui lui est splendide occasion de parer cette page — toute d'ironie — d'une puissante et prenante poésie cosmique.

---

(12) Pour Floyd Gray (LXI) p.91, « la phrase de l'*Apologie* est essentiellement périodique ». Voir l'exemple qu'il cite : « Si elle n'entre chez nous ... foible batterie » p.441.
(13) Même emploi ironique de l'adjectif qualificatif : p.455, « nostre divine intelligence » ; p.540, « ceste belle raison humaine » ; p.595, « cette belle piece ».

Plus que par l'humour (14), c'est par l'ironie (15), en effet, que Montaigne veut ruiner et jeter à bas « l'humaine fierté ». Ainsi, encore, dans ces lignes consacrées à un poète italien — qui pourrait bien être Le Tasse — devenu fou « de sa propre agitation et allegresse ». S'agissant d'un écrivain « ingenieux », c'est dans les recherches les plus spirituelles du style que se manifeste alors l'ironie : « N'a-t-il pas de quoy savoir gré à cette sienne vivacité meurtriere ? à cette clarté qui l'a aveuglé ? à cette exacte et tendue apprehension de la raison qui l'a mis sans raison ? à la curieuse et laborieuse queste des sciences qui l'a conduit à la bestise ? à cette rare aptitude aux exercices de l'ame qui l'a rendu sans exercice et sans ame ? J'eus plus de despit encore que de compassion, de le voir à Ferrare, en si piteux estat, survivant à soy mesmes, mesconnoissant et soy et ses ouvrages, lesquels sans son

_____

(14) Le petit livre de Keith C. Cameron (XLI) n'emprunte, au total, que peu d'exemples à l'*Apologie*. De plus, de l'aveu même de l'auteur, « se trouvent inclus (dans sa définition de l'humour) certains aspects de l'esprit et de l'ironie » (p.4). Si, dans l'humour, doivent s'ajouter à l'intention ludique, compassion et sympathie, il est évident qu'il n'y a guère place pour l'humour dans les attaques de Montaigne contre le « cuyder » humain.
(15) Autre exemple d'ironie, à propos de ces étrangers « amenez par mer de lointains pays » : « Qui n'atribuoit à stupidité et à bestise de les voir muets, ignorans la langue Françoise, ignorans nos baisemains et nos inclinations serpentées, notre port et nostre maintien, sur lequel, sans faillir, doit prendre son patron la nature humaine ? » (p.467)

sçeu et toutes fois à sa veuë on a mis en lumiere incorrigez et informes. » (p.492)

Tout ici, antithèses, jeux sur les mots, effets de sonorités, allitérations, rend l'ironie plus aigue, plus accablante pour ces « infinis esprits (qui) se treuvent ruinez par leur propre force et souplesse ». Témoignage irrécusable de cette réalité, dont Montaigne veut nous rendre conscients, que la distance est imperceptible « d'entre la folie avecq les gaillardes elevations d'un esprit libre et les effects d'une vertu supreme et extraordinaire » (p.492) ! Invitation à la défiance à l'égard des pouvoirs de l'esprit humain !

Avec cet exemple, nous touchons à un autre procédé du dessein polémique de Montaigne : le paradoxe. Le paradoxe apparaît au niveau idéologique : paradoxale, cette apologie si savante de « l'inscience » ; paradoxal, cet éloge d'une intelligence animale, à laquelle Montaigne feint surtout de croire « pour y trouver une preuve de la faiblesse du jugement humain » (16) ; paradoxale encore, cette affirmation que le scepticisme mène à une certitude transcendentale. Il se retrouve, aussi — et c'est ce qui nous intéresse ici — au niveau du discours polémique, dans l'expression de Montaigne qui cherche, de toute évidence à secouer ses adversaires par des propositions « contraires à

_____

(16) A. Glauser (LX) p.114.

l'opinion commune » (17), telles ces deux-ci, bien connues : « (c) Il nous faut abestir pour nous assagir et nous esblouir pour nous guider » (p.492) et : « C'est aux Chrestiens une occasion de croire que de rencontrer une chose incroiable » (p.499), ou par le recours à des sophismes, comme celui du menteur (18), ajouté, en 1588, pour bien montrer que les « foiblesses du parler » interdisent à jamais que l'on tienne la raison humaine pour capable d'avancer quelque affirmation assurée : « (b) Prenons la clause que la logique mesmes nous presentera pour la plus claire. Si vous dictes : il faict beau temps et que vous dissiez verité, il fait donc beau temps. Voylà pas une forme de parler certaine ? Encore nous trompera elle. Qu'il soit ainsi, suyvons l'exemple. Si vous dictes, je mens et que vous dissiez vrai, vous mentez donc. L'art, la raison, la force de la conclusion de cette cy sont pareilles à l'autre ; toutes fois nous voylà embourbez. » (p.

---

(17) Cf. le sens de l'adjectif *paradoxe* dans le *Dictionnaire de l'Académie française* : « qui est avancé, proposé, soutenu, contre l'opinion commune. » Furetière donne, dans son *Dictionnaire* (1690), une définition plus large du substantif : « Proposition surprenante et difficile à croire, à cause qu'elle choque les opinions communes et reçuës, quoy qu'elle ne laisse pas quelquefois d'estre veritable. Les Stoïques ont esté ceux qui ont avancé les plus grands paradoxes. L'opinion de Copernic est paradoxe selon le peuple et tenuë pour certaine selon tous les sçavants. »

(18) Selon V. Brochard (XL) p.25, Eubulide reprit ou inventa les célèbres sophismes du *Voilé*, du *Menteur*, du *Tas* ou du *Chauve*, du *Cornu*. Sur ce paradoxe du Menteur, cf. Rosalie L. Colie (XLIX) pp.391-392.

527) Dans son propos polémique, Montaigne recourt donc surtout à l'ironie, au paradoxe, pour déconcerter, pour décontenancer.

Contribuent de même, mais de façon plus détendue, à semer le doute, certains récits que Montaigne insère dans l'*Apologie*. Pour faire réfléchir en amusant. L'homme se croit volontiers le centre du monde, la créature privilégiée de l'univers. A-t-il pensé que l'animal pouvait avoir pareille assurance ? C'est ce sur quoi l'invite à méditer la fable de l'oison : « (b) Pourtant, disoit plaisamment Xenophanes que, si les animaux se forgent des dieux, comme il est vraysemblable qu'ils facent, ils les forgent certainement de mesme eux et se glorifient, comme nous. Car pourquoy ne dira un oison ainsi : Toutes les pieces de l'univers me regardent ; la terre me sert à marcher, le Soleil à m'esclairer, les estoilles à m'inspirer leurs influences ; j'ay telle commodité des vents, telle des eaux ; il n'est rien que cette route regarde si favorablement que moy ; est-ce pas l'homme qui me traite, qui me loge, qui me sert ? C'est pour moy qu'il faict semer et mouldre ; s'il me mange, aussi faict-il bien l'homme son compagnon et si fay-je moy les vers qui le tuent et qui le mangent. » (pp.532-533)

Ainsi, l'enjouement de Montaigne participe, lui aussi, à sa passe d'armes et c'est avec exagération, semble-t-il, que Gide a pu écrire que l'*Apologie* était « presque vide de traits plaisants » (19). Il y a du jeu — du jeu de joute — dans l'*Apologie*. Sans revenir sur le divertissement que Montaigne a pris — et a voulu donner — à conter ses anecdotes sur

(19) *Journal* (1889-1939) Paris, 1941, pp.353-354.

les animaux, relevons encore ce passage où il s'a-
muse manifestement à rapprocher, dans une sorte
de jonglerie verbale, les mots *poison* et *poisson* :
« Pline dit qu'il y a aux Indes certains lievres ma-
rins qui nous sont poison et nous à eux, de maniere
que du seul attouchement nous les tuons : qui sera
veritablement poison, ou l'homme ou le poisson ?
à qui en croirons nous, ou le poisson de l'homme
ou l'homme du poisson ? » (p.597)
Comme il se plaît, ailleurs à piquer l'attention, en
parlant de « (c) l'impudante (20) prudence » des
Égyptiens (p.517) ou en rappelant que « Philoxe-
nus ne fut pas fascheux » dans sa réponse à quelqu'un qui avait mal interprété l'une de ses compo-
sitions et dont il cassait la brique, pour se venger :
« (c) Je romps ce qui est à toi, comme tu cor-
romps ce qui est à moy. » (p.593)
    L'*Apologie* a fait inventer à Montaigne une ma-
nière particulière, où entrent à la fois ses qualités
habituelles, vigueur, pittoresque, vivacité, enjouement, et ce style plus incisif que celui de la majo-
rité des autres essais... Pour cette « action guer-
rière » (21), il fallait un style de combat qu'annon-
çait l'image du lutteur au début de la réponse à la
seconde objection faite à Sebond. « Le moyen que
je prens pour rabattre cette frenaisie... c'est leur
faire baisser la teste et mordre la terre soubs l'authorité et reverance de la majesté divine. » (p.
448) « (c) Abatons ce cuider. » (p.449) Ce style
offensif, Montaigne le doit surtout, nous l'avons

---

(20) Transcrit, par erreur, *imprudente* dans l'édition Villey-
Saulnier.
(21) L'expression est d'A. Glauser (LX) p.110.

vu, au recours à l'ironie, au paradoxe par lesquels il confond l'arrogance des plus sérieux adversaires de Sebond. C'est, en fait, par la présence de ces adversaires que s'explique la manière de Montaigne dans l'*Apologie*. Dans les autres essais, le dialogue s'instaure surtout entre Montaigne et son lecteur ; ici, interviennent deux autres genres de « collocuteurs » : Sebond et ceux qui lui « font reprehension ». Mais rapidement, Montaigne relaie Sebond, prend sa place et s'attaque, en son nom propre, à ces dogmatiques qui trouvaient les arguments de Sebond « trop foibles » pour appuyer sa démonstration. Avec la volonté de leur faire reconnaître que toute pensée appelle son contraire, que notre ignorance doit nous conduire à l'anéantissement devant le Dieu inconnu. Le dialogue de l'*Apologie* oppose, en fait, Montaigne – dont le moi s'affirme ici, comme dans les autres essais – et ses adversaires. Sebond s'efface derrière Montaigne, le lecteur devient spectateur et juge du débat. A lui de constater que la dialectique et l'éloquence de Montaigne ont ramené les rationalistes à leur néant, réduit l'homme à l'ignorance suprême, l'ignorance de soi, et que, dès lors, s'impose seul l'acte de foi qui sauve. A lui aussi d'apprécier comment la manière de Montaigne l'a aidé à gagner cette rude bataille.

CHAPITRE VII

DU TEXTE DE 1580 AUX AJOUTS
DE L'EXEMPLAIRE DE BORDEAUX

Les éditions de Montaigne distinguent essentiellement trois états du texte pour les essais des deux premiers livres : (a) : 1580, (b) : 1588, (c) : exemplaire de Bordeaux (1). Sur ce que fut, pour l'*Apologie*, le travail de Montaigne, dans le texte de 1588 et dans celui de l'exemplaire de Bordeaux, nous voudrions ici donner quelques brèves remarques, nullement exhaustives.

Le texte de 1588

Y apparaissent, à côté d'une citation en italien (p.494) (2), un certain nombre de citations de poètes latins (3) : Catulle, Horace, Tibulle, Properce,

---

(1) Auxquels il faudrait ajouter un état a' (1582) et un autre a'' (1587). Sans oublier l'édition de 1595.

(2) « Che ricordarsi il ben doppia la noia », idée que Dante avait rendue célèbre.

(3) Le seul travail d'ensemble sur les citations latines est celui de Michael Metschies, *Zitat und Zitierkunst in Montaignes Essais*, Genève, Droz, « Kölner Romanistiche Arbeiten », 1966. Voir aussi J. Starobinski, *Montaigne en mouvement,* N.R.F., XV, 1960, pp.16-22.

Lucain, Juvénal, Virgile (*Enéide*) et surtout Lucrèce. On comptait 29 citations de Lucrèce dans le
texte de 1580. Trois avaient été ajoutées dans l'édition de 1582 (4) ; quarante-trois nouvelles citations
se lisent dans le texte de 1588 : pour orner le discours ; pour opposer Lucrèce à lui-même et illustrer ainsi l'une des faillites du dogmatisme (5).

Si l'on se penche sur les sources des passages introduits en français dans ce texte de 1588, on constate rapidement que ces apports nouveaux viennent, pour le gros (6), de Pline, du Cicéron des
Academica (7) et du Plutarque des *Moralia* (8).
Sextus Empiricus, quant à lui, ne fournit aucun
nouvel emprunt. Signe que, durant cette période
intermédiaire, le scepticisme pyrrhonien de Montaigne s'infléchit vers un scepticisme socratique, plus
soucieux de l'homme, des réalités et de l'expérience pratique.

A diverses reprises, en effet, le moi de Montaigne perce dans ces additions de (b) : « Je conseil-
lois, en Italie, à quelqu'un » (p.546) ; « Moy qui
m'espie de plus prez » (p.565) ; « Quant à moy, je

(4) *Essais*, reproduction photographique de l'édition de
1582, avec introduction par Marcel Françon, Harvard, U.P.,
1969, p.14.
(5) Sur cette question, voir W.G. Moore, *Lucretius and
Montaigne*, Yale Franch Studies, XXXVIII, 1967, pp.109-
114 ; Ph. J. Hendrick (CXVIII) ; G. Ferreyroles, B.S.A.M.
XVII, 1976, pp.49-62.
(6) Autres emprunts à Xénophon, à Sénèque, à Arrien, à
Gomara, à Guy de Bruès, à Juste-Lipse...
(7) Cf. E. Limbrick (CXXV), pp.73-80, qui étudie en détail
l'influence des *Academica* sur l'*Apologie*.
(8) Par exemple, les références aux Climacides (p.461), à
Gobrias (p.558), etc.

ne m'estime point assez fort. » (p.593) (9) Et c'est par l'appel à l'expérience qu'il confirme, en 1588 (p.575), une idée avancée dans une addition de 1582.

Sur les plans littéraire, religieux, philosophique, les apports de 1588 sont loin d'être négligeables. C'est dans cette édition que, pour la première fois, nous trouvons l'image de l'homme sceptique « carte blanche preparée à prendre du doigt de Dieu telles formes qu'il luy plaira y graver » (p.506), et celle de la raison « pot à deux ances qu'on peut saisir à gauche et à dextre » (p.581) ; que nous lisons le paradoxe du menteur (p.527) et la fable de l'oison (p.532) ; que nous rencontrons la phrase si discutée : « Nous sommes Chrestiens à mesme titre que nous sommes ou Perigordins ou Alemans » (p.445) et la fameuse formule du « Que scay-je ? » (p.527).

Enfin, il est possible de saluer, ici ou là, une réussite de style. Ainsi (sans vouloir privilégier spécialement cet exemple), dans l'appréciation portée par Montaigne sur le doute d'Euripide qui se demandait : « si la vie que nous vivons est vie ou si c'est ce que nous appelons mort qui soit vie » : « (b) Et non sans apparence : car pourquoy prenons-nous titre d'estre, de cet instant qui n'est

---

(9) Cf. encore, cet aveu de 1588 qui ne manque pas d'humour : « Disons de moy-mesme. Je demandois à la fortune autant qu'autre chose l'ordre Sainct Michel, estant jeune : car c'estoit là l'extreme marque d'honneur de la noblesse Françoise et très rare. Elle me l'a plaisamment accordé. Au lieu de me monter et hausser de ma place pour y ataindre, elle m'a bien plus gratieusement traité, elle l'a ravallé et rabaissé jusques à mes espaules et au dessoubs. » (p.577)

qu'une eloise (= éclair) dans le cours infini d'une nuict eternelle et une interruption si briefve de nostre perpetuelle et naturelle condition » (p.526).

Le texte de l'Exemplaire de Bordeaux

— Rares, ici, les nouvelles citations de poètes latins : Claudien (p.547) ; Ovide (pp.534-535), par exemple. Lucrèce n'apparaît qu'une fois dans cette couche du texte : « (c) Tantum relligio potuit suadere malorum » (p.521) : dénonciation des maux qu'a pu inspirer la superstition religieuse.

En revanche, sont cités des prosateurs : Salluste, Tite-Live (10), Sénèque, Pline l'Ancien, Quintilien (11) et surtout le Cicéron sceptique des œuvres philosophiques, morales et religieuses (12), ainsi que Saint Augustin, dont Montaigne a beaucoup étudié la Cité de Dieu (13) entre 1588 et 1592. Saint Augustin cautionne son orthodoxie, que sou-

---

(10) Auquel il faut, entre autres, rapporter (*Hist.* XXVI, 22, 14) la citation de la page 507 : « quam docti fingunt, magis quam norunt », non identifiée dans l'édition Villey-Saulnier.

(11) La citation de la page 512 : « Non tam id sensisse quod dicerent, quam exercere ingenia materiae difficultate videntur voluisse », dont l'édition Villey-Saulnier ne donne pas l'origine, vient de l'*Institution oratoire*, II, 17, 4.

(12) Quelques références encore aux *Academica*, mais les citations les plus nombreuses viennent du *De natura deorum*, de *De finibus,* du De *divinatione* (traités de tendances sceptiques) et des *Tusculanae disputationes*, où Cicéron établit l'immortalité de l'âme et fonde le bonheur sur la vertu.

(13) Ajouter aux citations repérées de Saint Augustin, celle-ci, prise à la *Cité de Dieu*, VIII, 23 : « Quasi quicquam infelicius sit homine cui sua figmenta dominantur. » (p.530)

tiennent aussi diverses références à la Bible : *Epîtres* de Saint Pierre (p.449), *Psaumes* (p.506), *Livre de la Sagesse* (p.510), *Épître* de Saint Paul aux Corinthiens (p.523).

Les emprunts en français les plus nombreux viennent également de Cicéron (14), de Saint-Augustin (15), de Platon auxquels il faut ajouter, loin derrière, Hérodote, Diogène-Laërce (qu'avaient vulgarisé Cicéron et Saint Augustin) et même (p.491) S. Goulart, *Histoire de Portugal.* Ces emprunts fournissent à Montaigne des exemples de relativismè, des témoignages du « tintamarre de tant de cervelles philosophiques » (p.516). Ils l'appuient dans ses attaques contre la raison humaine et renforcent sa conviction (déjà bien explicite, dans un ajout de (b)) (16), de la nécessité de la grâce pour sauver l'homme déchu.

---

(14) Pris assez souvent dans Saint Augustin.
(15) Cf. Elaine Limbrick (CXXII) p.50, qui note que, de 1588 à 1592, Montaigne a fait à la *Cité de Dieu* « une quinzaine d'emprunts dont presque la moitié se trouvent dans l'*Apologie* ».
(16) p.563 : « (b) : quoy qu'on nous presche, quoy que nous aprenons, il faudroit tousjours se souvenir que c'est l'homme qui donne et l'homme qui reçoit ; c'est une mortelle main qui nous le presente, c'est une mortelle main qui l'accepte. Les choses qui nous viennent du ciel, ont seules droict et auctorité de persuasion ; seules, marque de verité ; laquelle aussi ne voyons nous pas de nos yeux, ny ne la recevons par nos moyens : cette sainte et grande image ne pourroit pas (= ne pourrait pas tenir) en un si chetif domicile, si Dieu pour cet usage ne le prepare, si Dieu ne le reforme et fortifie par sa grace et faveur particuliere et supernaturelle ». Ajout de (b), qui reprend les dernières lignes de l'*Apologie* dans le texte de (a).

Entre 1580 et 1588, Montaigne avait, dans l'ensemble, retouché le texte premier de l'*Apologie* surtout pour y introduire des compléments. De 1588 à 1592, il continue ce travail de large enrichissement d'un texte, auquel il n'apporte que très rarement des suppressions, au demeurant toujours peu importantes :

> — 1580-1588 : « car le vulgaire (*et tout le monde est quasi de ce genre*) n'ayant pas de quoy juger des choses par elles mesmes *et par la raison,* se laissant emporter aux apparences... »
> Bordeaux (p.439) : « car le vulgaire n'ayant pas la faculté de juger des choses par elles mesmes, se laissant emporter... » (17)

Autre intérêt de cette correction : elle nous montre Montaigne soucieux de remplacer l'expression neutre de *quoy* par le mot plus précis : *faculté.*
De l'important travail de style auquel Montaigne se livre, entre 1588 et 1592, nous voudrions donner ici quelques autres exemples, forcément limités.
La variante s'explique souvent par le désir de Montaigne de trouver un mot plus juste :

> — 1580-1588 : « Où ils ne peuvent guerir la plaie, ils sont contents de l'endormir et *plastrer*. »

---

(17) En revanche, p.570, Montaigne ajoute dans le texte de (c) une remarque analogue à celle qu'il a supprimée à la p.439 : « (a) Il en adviendroit par là que tout le vulgaire, (c) *et nous somes tous du vulguere*, (a) auroit sa creance ».

Bordeaux (p.495) : « l'endormir et *pallier* ».

ou plus expressif :

> — 1580-1588 : « Tous mes utilz et tous mes
> ressortz *saisissent* cete opinion. »
> Bordeaux (p.563) : « (*empouignent*) ».

Mais elle peut, aussi, se présenter comme une
correction de langue. Ainsi, le verbe *garnir* et son
composé *desgarnir* sont fréquemment remplacés :

> — 1580-1588 : « armé seulement de ses armes
> et *desgarny* de la grace et cognoissance divi-
> ne ».
> Bordeaux (p.449) : « *(et despourveu)* ».

> — 1580-1588 : « nature les a *garnies* de coquil-
> les »
> Bordeaux (p.456) : « *(revestues)* »

> — 1580-1588 : « Nostre peau est *garnie...* de
> fermeté. »
> Bordeaux (p.456) : « *(pourveue)* ».

De même, le substantif *suffisance*, qui laisse la place à *industrie* (p.455) et à *faculté* (p.458). Ailleurs,
un redoublement d'expression précise le sens d'un
premier mot peu connu :

> — 1580-1588 : « Une pure, entiere et très par-
> faite surseance de jugement. »
> Bordeaux (p.505) : « (surseance et *suspen-
> tion*) »

151

tandis que la suppression d'un redoublement met, à l'occasion, un mot justement en relief :

— 1588 : « La peste de l'homme c'est l'opinion de sa science. Voyla pourquoy la simplicité et l'ignorance nous sont tant recommandees... »
Bordeaux (p.418) : « (l'opinion de sçavoir. Voylà pourquoy *l'ignorance* nous est tant recommandée) ».

La correction recherche, en d'autres endroits, un effet d'allitération :

— 1580-1588 : « Il leur est souvent force de forger des conjectures vaines et foibles. »
Bordeaux (p.512) : « (conjectures *foibles et folles*) »

— 1580-1588 : « sans bride et sans arrest »
Bordeaux (p.520) : « *sans bride et sans but* »

— 1580-1588 : « Comme les Lacedemoniens qui caressoient leur Diane, par le tourment des enfans qu'ils faisoient foiter devant son autel. »
Bordeaux (p.522) : « qui mignardoint leur Diane par le bourrelement des jeunes garçons qu'ils faisoient *foiter en sa faveur.* »

— 1580-1588 : « Si l'homme ne se connoit, comment connoit-il ses operations et ses forces ? »
Bordeaux (p.561) : « (*ses functions et ses forces*) »

La révision de 1588-1592 a donc sensiblement amélioré le texte des éditions de 1580 et de 1588. Montaigne y fait preuve d'une maîtrise affirmée dans l'art d'écrire, qui se note encore par l'introduction de comparaisons bien venues :

- 1588 : « la difficulté est une monoye, dequoy l'humaine bestise se paye aysément. »
Bordeaux (p.508) : « (monoye que les sçavans emploient, *comme les joueurs de passe-passe*, pour ne descouvrir la vanité de leur art et de laquelle l'humaine...) »

par l'addition de quelque formule frappante :
« Il nous faut abestir pour nous assagir et nous esblouir pour nous guider » (p.492) ou par l'étonnant jeu verbal sur toutes les expressions que nous permettent et nos mains et notre tête (p.454).

Au total, de l'édition de 1580 aux ajouts manuscrits de l'exemplaire de Bordeaux (18), l'évolution se fait dans le sens d'une longueur accrue et d'une qualité littéraire confirmée, qui vont de pair avec la conviction de plus en plus ancrée dans l'esprit de Montaigne — toujours présent dans son texte — (19) qu'un doute positif, constitue la disposi-

---

(18) Nous laissons de côté les corrections de coquilles du type de celle-ci : p.441 : nostre *fort* (a : *fort*, b : *sort*).
(19) Cf. : « *Quand je me joue à ma chate...* » (p.452) ; «(c) Ce qu'on nous dict de ceus du Bresil, qu'ils ne mouroint que de vieillesse et qu'on attribue à la serenité et tranquillité de l'air, *je l'attribue* plus tost à la tranquillité et serenité de leur ame » (p.491 ; on notera le chiasme) ; « (a) ny a Mahumet qui, (c) *come j'ay entendu* (a) interdict la science à ses hommes. »

POUR CONCLURE, (S'IL SE PEUT)

Sur la terre mouvante du « Que scay-je », il se-rait sans doute imprudent de vouloir dresser l'édi-fice — si modeste soit-il — d'un véritable bilan. Bor-nons-nous donc à rassembler ici quelques-unes des réflexions auxquelles nous a conduit la lecture dans les *Essais* — dont il fait, ne l'oublions jamais, partie intégrante — de ce chapitre central qu'est l'*Apolo-gie.*

S'agissant du titre, il nous semble moins para-doxal qu'on ne le dit souvent. « Etrange apologie, en vérité » écrivait Pierre Villey (1). Apologie loya-le, pensons-nous, pour notre part. Sans reprendre la méthode rationaliste de Sebond, sans défendre la thèse — qui l'embarrasse manifestement — d'une prétendue supériorité de l'homme dans la création, Montaigne, augustinien comme Sebond, considère que la raison éclairée par la grâce, peut offrir une aide utile à qui veut soutenir les vérités de la foi. Du philosophe catalan à l'essayiste gascon, la diffé-rence est surtout d'accent, qui tient aux circonstan-ces. A la fin du XVe siècle, en un temps de mysti-

(1) *Les Essais de Montaigne*, Coll. des Grands événements littéraires, Paris, Malfère, 1932, p.64.

155

cisme, Sebond se devait de rappeler avec insistance aux croyants le rôle de la raison dans leur vie religieuse. Ce rôle, Montaigne ne le nie pas, mais il s'adresse, lui, à des novateurs en matière religieuse, enclins à trancher de tout en s'appuyant sur une raison devenue dominatrice, qui s'arroge le droit de s'immiscer jusque dans le domaine de la foi. C'est cette foi que Montaigne entend préserver, mettre hors de portée des attaques rationalistes, en combattant ses adversaires de l'époque sur leur propre terrain, celui des lumières naturelles et de la philosophie ; en leur prouvant que, réduits à eux-mêmes, les arguments de la raison n'ont aucune efficacité, alors qu'ils gardent leur valeur chez Sebond, parce qu'ils y sont « *teints et illustrés* » par la foi. *L'Apologie* ou *Du bon usage de la Théologie naturelle.*

— Pour ce qui est du plan, il nous est apparu moins rigoureux que ne l'affirmait, par exemple, Fortunat Strowski, et moins décousu, surtout si on lit le texte de 1580, qu'on ne le dit souvent. A suivre le texte « pedetemptim » (2), nous avons eu le sentiment d'une composition, animée certes d'un mouvement capricieux, parfois contradictoire (comme celui de beaucoup d'autres essais), mais révélatrice de l'orientation, du sens et, au total, de la signification de cet essai.

Un essai qui, pour nous, n'est pas simplement un champ de ruines (3). Sans doute, les philoso-

_____

(2) Devise de Saint François de Sales.
(3) Cf. A. Glauser (LX), p.121 : « Montaigne procède par envoûtement : on est égaré dans un tourbillon, prêt à adopter la conclusion qu'il prépare. Montaigne détruit par là l'édifice de l'Apologie, qui est d'ailleurs un essai de ruines. »

phies y sont-elles allégrement abattues, les pensées vidées de toute valeur dans leur contradictoire et stérilisante confrontation. La raison humaine y est, il est vrai, dépouillée de ses dérisoires et illusoires prétentions, la connaissance elle-même tenue pour radicalement impossible. C'est cependant, croyons-nous, se méprendre sur la véritable nature du scepticisme à la fin du XVIe siècle – et particulièrement chez Montaigne – que de le ramener à une attitude négative, destructrice. En fait, le scepticisme est, alors, une mise à l'épreuve des outils intellectuels de l'homme, en un temps de faillite de la science (4). En refusant toute autorité aux principes préétablis (5), Montaigne ne se refuse pas à la « chasse de la verité » (II,12, p.507), à la quête d'une croyance bien fondée ; il invite, au contraire, à la recherche d'une autre façon de penser, d'une autre méthode fondée sur l'examen du particulier, sur des expériences précises et toujours reprises. « L'entreprise de démolition sur un terrain passa-

---

(4) Cf. P. Michel, *Actualité de Montaigne*, B.S.A.M., 1957.I.
(5) Cf. II.12, pp.540-541 : « Chasque science a ses principes presupposez par où le jugement humain est bridé de toutes parts. Si vous venez à choquer cette barriere en laquelle gist la principale erreur, ils ont incontinent cette sentence en la bouche, qu'il ne faut pas debattre contre ceux qui nient les principes.
« Or n'y peut-il avoir des principes aux hommes, si la divinité ne les leur a revelez : de tout le demeurant et le commencement et le milieu et la fin, ce n'est que songe et fumée. A ceux qui combatent par presupposition, il leur faut presupposer, au contraire, le mesme axiome dequoy on debat. Car toute presupposition humaine et toute enunciation a autant d'authorité que l'autre, si la raison n'en faict la difference. »

blement miné à l'avance » (6) s'accompagne, dans
l'*Apologie*, d'un effort courageux et positif pour
appréhender l'ensemble du réel par un regard nouveau, dégagé de toute œillère égoïste et anthropocentrique (7). « Philosophe impremedite et fortuite » (II.12, p.546) qui ne recherche nullement la
cohérence d'un système, Montaigne fait de l'*Apologie*, non pas un anti-essai (8), mais l'essai par excellence : dans le projet d'une apologie d'autrui, une
expérimentation critique des moyens intellectuels
de l'homme, avec, comme ailleurs, un large retour
au moi, qui s'essaie pour se trouver et pour se prouver.

Dans ce retour au moi, Montaigne conclut à la
nécessaire abdication de tout « cuyder » et à la
non moins nécessaire soumission à l'acte de foi.
Pour mettre en doute le christianisme de Montaigne, on rappelle souvent qu'il a fait une apologie
des plus hardies de Julien l'Apostat dans l'essai II.
19 : *De la liberté de conscience*, chapitre qui semble contredire certains aspects religieux de l'*Apologie de Raimond Sebond*. Il nous paraît, cependant,
difficile de répéter après Michel Butor : « L'*Apologie* gagne considérablement à être... subordonnée à
cet extraordinaire chapitre central (II, 19). On

---

(6) A. Micha (LXXI) p.72.
(7) Voir B. Groethuysen, *Anthropologie philosophique*, Paris, Gallimard, Bibl. des Idées, 1953, pp.190 sqq. ; Philipp
E. Lewis, L'*Apologie d'une connaissance vécue*, « L'Esprit
Créateur », 1968, pp.219-229.
(8) Comme le pense A. Glauser (LX) p.109. Pour Floyd
Gray (CXIV) p.140 : « *Rather than an anti-essay, Montaigne has written an essay within an essay, or, more precise-
ly, an essay within an apology.* »

peut dire que, peu à peu, toute une partie du catholicisme français va s'engloutir dans ce vide surmonté de la statue de Julien.»(9) Nous pensons, avec P. Villey, que, plus simplement, «cette apologie de l'empereur apostat montre l'indépendance d'esprit de Montaigne, son jugement particulier, et [que] c'est par là qu'elle est une pièce de sa peinture, qu'elle se rapporte au dessein de peindre le moi » (10). Il n'y a pas lieu d'opposer l'*Apologie* à l'essai *De la liberté de conscience*, ni d'imaginer qu'« après la rédaction de l'*Apologie*, la foi de Montaigne, sincère, mais non profonde, qu'il n'avait jamais eue vraiment à cœur, *a été* si fortement ébranlée qu'il *s'est trouvé* confronté au problème de l'apostasie et naturellement de son aveu, mais aveu qui doit toujours être entouré de tant d'ombres que, dans la pratique, il puisse toujours s'en défendre » (11). En fait, dans ces deux chapitres, Montaigne témoigne du même souci de chercher le vrai, tout le vrai. « De vray, écrit-il, (II.19, p.669) il n'est aucune sorte de vertu dequoy il (Julien l'Apostat) n'ait laissé de très notables exemples. » De vrai, pense-t-il, sont condamnables − et condamnées − dans l'*Apologie*, les prétentions de la raison humaine à s'ériger de façon autonome, en juge de la « saincte et divine » foi, même si cette raison peut aider la foi, même si elle reste, à l'occasion, bien utile pour porter quelques coups au détestable

---

(9) M. Butor (XLV), p.139.
(10) Édition Villey-Saulnier des *Essais*, Paris, P.U.F., 1965, p.668.
(11) M. Butor (XLV), p.134.

appareil scolastique. Ces deux aspects de la vérité
— que l'on peut exceptionnellement être très ver-
tueux sans la foi et que le chrétien moyen ne s'élè-
ve d'ordinaire que par la réponse reconnaissante de
sa foi à la grâce — Montaigne les proclame l'un et
l'autre, sans qu'il y ait heurt dans sa pensée, avec
une parfaite lucidité. Une lucidité alliée, chez lui,
à un sens aigu, profond de la transcendance de
Dieu (12), devant laquelle il se plaît à humilier l'esprit humain, confronté aux insuffisances et aux
contradictions de sa nature, aux pièges des mots,
aux difficultés grammairiennes. L'*Apologie* peut
ainsi se clore, comme elle s'était ouverte, par la
présence unique de Dieu. Elle ne propose certes
pas un modèle de perfection évangélique, mais
c'est, nous a-t-il semblé, l'essai d'un croyant, dont
le scepticisme chrétien est proche à plus d'un
égard de « l'indifférence » que recommandera
bientôt Saint François de Sales (13). Aux yeux de

---

(12) Voir R. Pons (CXXXIII), p.49 : « Montaigne a le sens
aigu de la misère de l'homme... Ce sentiment négatif n'est
que l'envers d'un autre sentiment, le sens de la grandeur, du
mystère de Dieu. »
(13) On rapprochera, par exemple, la présentation de
l'homme sceptique par Montaigne : « (b) C'est une carte
blanche preparée à prendre du doigt de Dieu telles formes
qu'il luy plaira y graver » (p.506) et ce passage du *Traité de
l'Amour de Dieu* de Saint François de Sales : « le cœur in-
différent est comme une boule de cire entre les mains de
son Dieu, pour recevoir semblablement toutes les impressions du bon plaisir éternel, un cœur sans choix, également
disposé à tout » (éd. J. Bonhomme, Paris, Gabalda, 1928,
IX, 4, tome II, p.140). Sur bon nombre de points, les simi-
litudes de pensée sont grandes entre le Montaigne de l'*Apologie* et Saint François de Sales. Cf. M. Dassonville (XCVIII)
pp.829-831.

certains critiques, la démonstration de l'*Apologie* ne débouche sur rien de spécifiquement chrétien. Il serait aisé de leur répondre que tel n'était pas le propos de Montaigne, écrivain volontairement laïque, et qu'on ne peut en tirer argument quant au christianisme de l'auteur. Mais ne vaut-il pas mieux les ramener aux dernières lignes de l'essai, à cette « divine et miraculeuse metamorphose » à laquelle seule « nostre foy Chrestienne » peut prétendre ? Après avoir rendu l'homme conscient de sa « vanité », Montaigne, comme Sebond, « tout d'un fil enjambe de l'homme jusques à Dieu » (14) et il conduit ses adversaires à la seule source de vérité et de vie, les laissant, bien sûr, libres du dernier mouvement qui pourra les sauver. N'est-ce pas là démarche authentiquement chrétienne ?

Au demeurant, que l'on considère l'*Apologie* comme l'expression d'un appel à la foi ou comme un texte totalement négateur, que l'on tienne pour la sincérité de Montaigne ou que l'on s'en tienne à la possibilité d'un sens caché de certains passages (15), voire «d'idées derrière la tête » (16), que l'on estime son scepticisme intégral ou que l'on pense avec Maurice Merleau Ponty que « détruisant la vérité dogmatique partielle ou abstraite, il (Montaigne) insinue l'idée d'une vérité totale avec toutes

---

(14) *Théologie Naturelle*, tr. de Montaigne, ch. I, p.4, éd. Armaingaud.
(15) C'est l'opinion, notamment de R.A. Sayce (LXXXIV) ch. 9 : *Montaigne and Religion*.
(16) Voir M. Weiler, *La pensée de Montaigne*, Paris, 1948, qui voit du machiavélisme dans l'attitude de Montaigne.

BIBLIOGRAPHIE

A – Éditions et traductions de Sebond

(I)   SEBEYDE Raymundus (SEBEIDE Ray-
        mondus), *Liber creaturum sive de homine*,
        Lyon, J. Siber, circa 1484.
(II)   DORLAND Pierre, *Viola animae per mo-
        dum dyalogi inter Raymundum Sebun-
        dium... et dominum Dominicum Semini-
        verbium*, Cologne, H. Quentell, 1499.
(III)   LESCUYER Bernard, *Raymond SEBEIDE,
        Le livre des creatures ou livre de l'homme*,
        Lyon, 1519.
(IV)   MARTIN Jean, *La Theologie Naturelle*
        (= *Viola animae*) de *.R.S.*, Paris, Vascosan,
        1551.
(V)   MONTAIGNE Michel de, *La Theologie na-
        turelle de R.S.,* Paris, Sonnius, 1569.
(VI)   MONTAIGNE Michel de, *La Théologie na-
        turelle de R.S.*, t. IX et X de l'éd. des *Oeu-
        vres complètes*, publiée par A. ARMAIN-
        GAUD, Paris, Conard, 1932-1935.

(VII)   SABUNDUS Raimundus, *Theologia natura-*
        lis seu Liber creaturarum, éd. Friedrich
        Stegmüller, Stuttgart. Bad Cannstatt, 1966.

B — Quelques études sur la « Théologie Naturelle »

(VIII) COMPAYRE Gabriel, *De Ramundo Sabun-*
        do ac de Theologiae naturalis libro, Paris,
        1872.
(IX)   REULET D., *Un inconnu célèbre. Recher-*
        ches historiques et critiques sur Raymond
        de Sebonde, Paris, 1875.
(X)   PROBST J.H., *Le Lullisme de Raymond de*
        Sebonde (Ramon de Sibiude), Toulouse,
        1912-1915.
(XI)   COPPIN Joseph, *Montaigne traducteur de*
        Raymond Sebon, Lille, H. Morel, 1925.
(XII)   ALTES-ESCRIBA J., *Raimundo Sibiuda y*
        su sistema apologético, Barcelone, 1939.
(XIII) CARRERAS ARTAU T. et J., *Historia de*
        la Filosofia Espanola. Filosofia cristiana de
        los siglos XIII al XV, Madrid, 1943, t.II
        (Histoire générale du Lullisme).
(XIV)   REVAH I.S., *Une source de la spiritualité*
        péninsulaire au XVIe siècle : La « Théolo-
        gie Naturelle » de Raymond Sebond, Aca-
        demia das Ciencias de Lisbôa, Lisbonne,
        1953.
(XV)   BATTLORI M., *De Raimundo Sabundo at-*
        que Ignatio de Loyola, « Archivium histori-
        cum Societatis Jesu », XXXVIII, 1969, pp.
        454-463.
(XVI)   DE BUJANDA J.M., *L'influence de Sebond*
        en Espagne au XVIe siècle, « Renaissance
        and Reformation », X, 1974, pp.78-84.

C – Édition critique de « L'Apologie »

(XVII) PORTEAU Paul, *Montaigne. L'Apologie de Raymond Sebond*, Paris, Aubier, 1937, réimp. 1978 (1).

D – Sources tirées d'ouvrages contemporains

(XVIII) AGRIPPA H. Corneille, *De incertitudine et vanitate scientiarum verbi Dei declamatio*, Cologne, 1527.

(XIX) AMYOT Jacques, *Les Oeuvres morales et meslées de Plutarque*, Paris, Vascosan 1572.

(XX) AUGUSTIN (Saint), *Cité de Dieu* avec commentaire de Vivès, trad. Gentian Hervet, 2ème éd., Paris, Nicolas Chesneau, 1578.

(XXI) BOAYSTUAU Pierre, *Le théâtre du Monde*, Paris, 1572.

(XXII) BODIN Jean, *Methodus ad facilem historiarum cognitionem*, Paris, Martin Lejeune, 1560.

(XXIII) BODIN Jean, *Les six livres de la République*, Paris, J. du Puys, 1576.

(XXIV) BRUES Guy de, *Les dialogues de G. de B. contre les nouveaux Académiciens*, Paris, G. Cavellat, 1557.

(XXV) DU PLESSIS-MORNAY Philippe, *De la vérité de la religion chrestienne contre les Athées*, ... Anvers, 1581.

---

(1) Signalons une édition courante, publiée en 1962 chez Gallimard (Collection Idées) avec introduction par Samuel de Sacy.

(XXVI) LOPEZ de GOMARA François, *Histoire generale des Indes occidentales* ... tr. fse de Martin Fumée, Paris, 1584.

(XXVII) JUSTE LIPSE, *Politicorum sive civilis doctrinae libri sex,* Anvers, 1589.

(XXIX) SEXTUS EMPIRICUS, *Pyrrhoniarum hypotyposeon libri III...*, *Interprete Henrico Stephano*, Paris, 1562.

(XXX) TAHUREAU Jacques, *Les dialogues,* 1565.

(XXXI) TALON Omer, *Ciceronis Academica,* 1547-1550.

(XXXII) TYARD Pontus de, *Les discours philosophiques,* Paris, 1587.

(XXXIII) VARCHI Benedetto, *l'Ercolano*, Florence, Venise, 1570.

E – Ouvrages critiques et études générales

(XXXIV) ALLEN Don Cameron, *Doubt's Boundless Sea : Skepticism and faith in the Renaissance*, Baltimore, Johns Hopkins Press, 1964.

(XXXV) AUBERBACH Erich, *Mimesis : the representation of reality in Western literature*, tr. Trask, New York, 1953.

(XXXVI) AULOTTE Robert, *Amyot et Plutarque : la tradition des Moralia au XVIe siècle*, Genève, Droz, 1965.

(XXXVII) BARAZ Michael, *L'être et la connaissance selon Montaigne,* Paris, Corti, 1968.

(XXXVIII) BOAS George, *The happy beast in French thought of the Seventeenth century*, Baltimore, Johns Hopkins Press, 1933 ; réimp. New York, Octogon Books, 1970.

(XXXIX) BOWEN Barbara, *The age of Bluff. Paradoxical Ambiguity in Rabelais and Montaigne*, Urbana, Chicago, Londres, 1972.

(XL) BROCHARD Victor, *Les sceptiques grecs*, Paris, Imp. Nat., 1887.

(XLI) BROWN Frieda, *Religious and Political Conservatism in the Essais of Montaigne,* Genève, Droz, 1963.

(XLII) BRUNSCHWICG Léon, *Descartes et Pascal lecteurs de Montaigne,* New York et Paris, Brentano's 1944.

(XLIII) BRUSH Craig. B. *Montaigne and Bayle: variations on the theme of Skepticism,* La Haye, M. Nijhoff, 1966.

(XLIV) BUSSON Henri, *Le rationalisme dans la littérature française de la Renaissance* (1533-1601), nouv. éd. revue et augmentée, Paris, Vrin, 1957.

(XLV) BUTOR Michel, *Essais sur les Essais,* Paris, Gallimard, 1968.

(XLVI) CAMERON Keith. C., *Montaigne et l'Humour*, Paris, Minard, 1966.

(XLVII) CEARD Jean, *La nature et les prodiges,* Genève, Droz, 1977.

(XLVIII) CITOLEUX Marc, *Le vrai Montaigne théologien et soldat,* Paris, Droz, 1937.

(XLIX) COLIE Rosalie L., *Paradoxia Epidemica : the Renaissance tradition of paradox*, Princeton U.P., 1966.

(L)   CONCHE Marcel, *Montaigne ou la conscience heureuse*, Paris, Seghers, 1964.

(LI)   CONCHE Marcel, *Pyrrhon ou l'Apparence*, Villers/mer, Ed. de Mégare, 1973.

(LII)   DAGENS Jean, *Bibliographie chronologique de la littérature de spiritualité et de ses sources (1501-1610)*, Paris, Desclée de Brouwer, 1952.

(LIII)   DREANO Mathurin, *La religion de Montaigne,* Paris, Beauchesne 1936 ; éd. revue et complétée, Paris, Nizet, 1969.

(LIV)   DUMONT Jean-Paul, *Le scepticisme et le phénomène,* Paris, Vrin, 1972.

(LV)   EHRLICH Hélène-Hedy, *Montaigne et le langage*, Paris, Klincksieck, 1972.

(LVI)   FEBVRE Lucien, *Le problème de l'incroyance au XVIe siècle,* Paris, A. Michel, 1942 ; réimp., *ibid*., 1968.

(LVII) FRAME Donald, *Montaigne's Discovery of man : the humanisation of a humanist,* New York, Columbia U.P., 1955.

(LVIII) FRIEDRICH Hugo, *Montaigne,* tr. fr. Robert Rovini, Paris, Gallimard, 1968.

(LIX)   GIDE André, *Essai sur Montaigne, Suivant Montaigne,* in *Oeuvres complètes,* Paris, N.R.F. XV.

(LX)   GLAUSER Alfred, *Montaigne paradoxal*, Paris, Nizet, 1972.

(LXI)   GRAY Floyd, *Le style de Montaigne,* Paris, Nizet, 1958.

(LXII)   GUTWIRTH Marcel, *Michel de Montaigne ou le pari d'exemplarité*, Presses de l'Univ. de Montréal, 1977.

(LXIII)   HALLIE Philip P., *Skepticism, Man and God*, Middletown, Conn. Wesleyan U.P., 1964.

(LXIV)   HALLIE Philip P., *The scar of Montaigne : an essay in personal philosophy*, Middletown, Conn., 1966.

(LXV)   JANSSEN Herman, *Montaigne fidéiste*, Nimèque, Dekker, 1930.

(LXVI)   JOUKOVSKY Françoise, *Montaigne et le problème du temps*, Paris, Nizet, 1972.

(LXVII)   LA CHARITÉ Raymond C., *The concept of judgement in Montaigne*, La Haye, 1968.

(LXVIII) LANSON Gustave, *Les Essais de Montaigne : étude et analyse*, Paris, 1930, réimp. 1948.

(LIX)   Mc. GOWAN Margaret, *Montaigne's Deceits*, Londres, Univ. of London Press, 1974.

(LXX)   MENENDEZ Y PELAYO M., *Historia de las ideas esteticas en Espana*, 1943.

(LXXI)   MICHA Alexandre, *Le singulier Montaigne*, Paris, Nizet, 1964.

(LXXII)   MICHALSKI Constantin, *Les sources du criticisme et du scepticisme dans la philosophie du XIVe s.*, Cracovie, 1924.

(LXXIII) MICHEL Pierre, *Montaigne*, Bordeaux, Ducros, 1969.

(LXXIV)   MOREAU Pierre, *Montaigne, l'homme et l'œuvre*, Paris, Boivin ; 1939 ; éd. remises à jour : 1966 et 1971.

(LXXV)   MULLER Armand, *Montaigne* (Les Écrivains devant Dieu), Paris, Desclée de Brouwer, 1965.

(LXXVI)   NAUDEAU Olivier, *La pensée de Montaigne et la composition des Essais,* Genève, Droz, 1972.

(LXXVII) NAUERT Charles G. Jr., *Agrippa and the crisis of Renaissance thought*, Urbana U.P., 1965.

(LXXVIII) NORTON P. Glyn, *Montaigne and the introspectiv mind*, La Haye, Paris, Mouton, 1975.

(LXXIX)   H. POPKIN Richard, *The history of scepticism from Erasmus to Descartes,* Assen, Van Gorcum 1960, 2ème éd. 1964.

(LXXX)   POUILLOUX Jean-Yves, *Lire les « essais » de Montaigne,* Paris, Maspero, 1969.

(LXXXI)   REGOSIN Richard, L., *The matter of my book. M.'s Essais as the book of the self*, Berkeley, 1977.

(LXXXII) RICE Eugène F. jr., *The Renaissance Idea of Wisdom,* Cambridge Mass. Harvard, U.P., 1958.

(LXXXIII) SAINTE-BEUVE Charles Augustin, *Port-Royal*, Paris, Hachette 1867-1871.

(LXXXIV) SAYCE R.A., *The Essays of Montaigne. A critical exploration,* Londres, Northwestern U.P., 1972.

(LXXXV)   SCLAFERT Clément, *L'âme religieuse de Montaigne*, Paris, Nouvelles Éditions Nationales, 1951.

(LXXXVI) STROWSKI Fortunat, *Montaigne*, 2è éd., Paris, Alcan, 1931.

(LXXXVII) TETEL Marcel, *Montaigne,* New York, TWAS, 1974.

(LXXXVIII) THIBAUDET Albert, *Montaigne,* éd. Floyd Gray, Paris, Gallimard, 1963.

(LXXXIX) VILLEY Pierre, *Les sources de l'évolution des Essais de Montaigne*, Paris, Hachette, 1908 ; réimp. New York, Burt Franklin, 1968.

(XC) WRAY Morris. G., *Montaigne and Christianity*, Vanderbilt, 1975 (dactyl.).

(XCI) ZANTA Léontine, *La Renaissance du Stoïcisme au XVIe siècle*, Paris, Champion, 1914.

F — Articles de revues ou de recueils d'actes

Abrévations :

B.H.R. : *Bibliothèque d'Humanisme et Renaissance.*

B.S.A.M. : *Bulletin de la Société des Amis de Montaigne.*

C.A.I.E.F. : *Cahiers de l'Association Internationale des Études françaises.*

M.E.M. : *Mémorial du Ier Congrès International des Études Montaignistes.* Bordeaux, 1964.

R.R. : *Romanic Review.*

R.S.H. : *Revue des Sciences humaines.*

R.S.S. : *Revue du Seizième siècle.*

(XCII) BART B.F., *Abetir in Pascal and Montaigne*, « Romance Philology », IX, 1955, pp.1-6.

(XCIII)   BLINKENBERG Andreas, *La religion de Montaigne*, MEM., pp.162-172.

(XCIV)   CAUCHY Venant, *The Nature and Genesis of the Skeptic Attitude*, « Modern Schoolman », XXVII, 1950, pp. 203-221 et 297-310.

(XCV)   CONCHE Marcel, *La méthode pyrrhonienne de Montaigne*, B.S.A.M., 5e série, X-XI, avril-déc. 1974, pp.47-62.

(XCVI)   COPPIN Joseph, *Marguerite de Valois et le Livre des Créatures de Raymond Sebon*, R.S.S., X, 1923, pp.57-66.

(XCVII)   DANIEL-ROPS Henri, *Montaigne et l'Index*. B.S.A.M. 3e série, IX, 1959, pp.4-6.

(XCVIII)   DASSONVILLE Michel, *Montaigne apologiste perfide ?* « Revue de l'Université Laval » (Québec) VI, 1952, pp. 609-621 ; pp.725-740 ; pp.822-831.

(XCIX)   DELEGUE Yves, *Sebond et La Boétie inspirateurs de Montaigne,* in *Travaux de linguistique et de littérature*, VI, 2, Strasbourg, 1968, pp.69-79.

(C)   DREANO Mathurin, *La crise sceptique de Montaigne ?* B.H.R., XXIII, 1961, pp.252-264.

(CI)   DREANO Mathurin, *L'Augustinisme dans l'Apologie de R.S.*, B.H.R., XXIV, 1962, pp.559-575.

(CII)   DRESDEN Sem, *La précision paradoxale de Montaigne,* « Neophilologus », XLVII, 1963, pp.269-277 et MEM., pp. 69-77.

(CIII)   EDWARDS Paul, *Is fideistic theology irrefutable* ? « The Rationalist Annual », Londres 1966, pp.43-49.

(CIV)   FOREST Aimé, *Montaigne humaniste et théologien*, « Revue des Sciences Philosophiques et théologiques », XVIII, janv. 1929, pp.59-73.

(CV)   FRAME Donald, *Did Montaigne Betray Sebond* ? R.R. XXXVIII, 1947, pp. 297-329.

(CVI)   GIERCZYŃSKI Zbigniew, *La science de l'Ignorance chez Montaigne*, Lublin, « Roczniki Humanistyczne », XV, 1967, pp.5-85.

(CVII)   GIERCZYŃSKI Zbigniew, *Le scepticisme de Montaigne, principe de l'équilibre de l'esprit*, « Kwartalnik Neofilologiczny », XIV, 1967, pp.111-131.

(CVIII)   GIERCZYŃSKI Zbigniew, *Le fidéisme apparent de Montaigne et les artifices des « Essais »*, Kwartalnik Neofilologiczny », XVI, 1969, pp.137-163.

(CVIX)   GIERCZYŃSKI Zbigniew, *Le « Que sais-je » de Montaigne. Interprétation de l'A.R.S.*, Lublin, « Roczniki Humanistyczne, XVIII, 1970, pp.5-103.

(CX)   GOUHIER Henri, *Doute méthodique ou négation méthodique,* « Études philosophiques » IX, 1954, pp.135-162.

(CXI)   GENZ Henry E., *Exaggeration and anger in the A.R.S.,* R.R., LV, 1964, pp.81-84.

(CXII)   GRAY Floyd, *Montaigne devant Se-
              bond et la Boétie : une question d'am-
              bivalence.* MEM. pp.150-155.
(CXIII)   GRAY Floyd, *The « nouveaux doc-
              teurs » and the problem of Montaigne's
              consistency, in the A.R.S.,* « Sympo-
              sium » XVIII, 1964, pp.22-34.
(CXIV)   GRAY Floyd, *Montaigne and Sebond :
              The Rhetoric of Paradox,* « French
              Studies », XXVIII, 1974, pp.134-145.
(CXV)   GRAY Floyd, *Montaigne's Pyrrhonism
              in O un amy ! Essays on Montaigne in
              honor of Donald Frame.* Ed. by R.C.
              La Charité, Lexington, French Forum
              Publishers Inc. 1977, pp.119-136.
(CXVI)   GUITON Jean, *Où en est le débat sur la
              religion de Montaigne ?* R.R., XXXV,
              1944, pp.98-119.
(CXVII)   GUTWIRTH Marcel, *Montaigne pour et
              contre Sebond,* R.S.H., XXXIV, 1969,
              pp.175-188.
(CXVIII)   HENDRICK Philip, *Lucretius in the
              A.R.S.,* B.H.R., XXXVII, 1975, pp.
              457-466.
(CXIX)   ISHIGAMI-IAGOLNITZER Mitchiko,
              *Apologie des facultés rationnelles chez
              les animaux au XVIe siècle. Montaigne
              et Pasquier,* B.S.A.M., 5e série, 2, 1972,
              pp.35-49.
(CXX)   KRISTELLER P.O., *Le mythe de l'a-
              théisme de la Renaissance et la tradi-
              tion française de la libre pensée,* B.H.R.,
              pp.337-348.
(CXXI)   LIMBRICK Elaine, *Soumission et Ré-
              volte dans les Essais de Montaigne,* Re-

vue de l'Université de Moncton, 4e année, III, sept. 1971, pp.38-45.

(CXXII) LIMBRICK Elaine, *Montaigne et Saint Augustin*, B.H.R., XXXIV, 1972, pp. 49-64.

(CXXIII) LIMBRICK Elaine, *Montaigne and Socrates*, « Renaissance and Reformation », IX, 2, 1973, pp.46-57.

(CXXIV) LIMBRICK Elaine, *The paradox of Faith and Doubt in Montaigne's A.R.S.*, Wascana Review, Regina, IX, 1974, pp.75-84.

(CXXV) LIMBRICK Elaine, *Was Montaigne really a Pyrrhonian ?* B.H.R., XXXIX, 1977, pp.67-80.

(CXXVI) Mc QUEENY Terence, *Montaigne et la Theologia naturalis,* B.S.A.M., 4e série, n° 9, 1967, pp.41-45.

(CXXVII) MALLOCH A.E., *The techniques and function of the Renaissance Paradox,* « Studies in Philology », LIII, 1956, pp.191-203.

(CXXVIII) MARCU Eva, *Les dédicaces de Montaigne et l'« Inconnue » de l'Apologie,* B.S.A.M., n° 27, 1963, pp.36-42.

(CXXIX) MICHEL Pierre, *Le Fidéisme de Ronsard et de Montaigne,* B.S.A.M., juillet, septembre 1966, pp.24-34.

(CXXX) MOORE Will. G., *« L'Apologie » et la science,* MEM. pp.200-203.

(CXXXI) MOREAU Joseph, *Doute et Savoir chez Francisco Sanchez*, « Aufsätze zur Portugiesischen Kulturgeschichte » I, 1960, pp.24-50.

(CXXXII) NELSON Benjamin, « *Probabilists* » « *Anti-Probabilists* » *and the quest of certitude in the sixteenth and seventeenth centuries* », in « Actes du Xe Congrès International d'Histoire des Sciences » Paris, Herman, 1965, pp. 270 sqq.

(CXXXIII) PONS Roger, *Étude sur la pensée religieuse de Montaigne. L'« Apologie de Raymond Sebon »*, Inf. littéraire, VI, 1954, pp.43-55. Réimp. ; *ibid.*, XXX, 1978, 4, pp.151-162.

(CXXXIV) H. POPKIN Richard, *Theological and Religious Scepticism*, « The Christian Scholar » XXXIX, 1954, pp.150-158.

(CXXXV) RAYMOND Marcel, *Entre le fidéisme et le naturalisme (A propos de l'attitude religieuse de Montaigne)*, in « Festschrift für Ernst Tappolet », Bâle, Schwabe, 1935, pp.237-247 et in *Génies de France*, Neuchâtel, 1942.

(CXXXVI) SAULNIER V.L., « *Proverbe et Paradoxe du XVe au XVIe siècle,* « Pensée humaniste et tradition chrétienne aux XVe et XVIe siècles ». Colloques Internationaux du C.N.R.S., Paris, 1950.

(CXXXVII) SILVER Isidore, *Man humbled and exalted : Montaigne's « Apologie de Raimond Sebond » and a passage of Plato's « Timaeus »* in *O un amy. Essays on Montaigne in honor of Donald Frame*, Lexington, Kentucky, 1977, pp.277-289.

(CXXXVIII) SPRIET Pierre, *Montaigne, Charron et la crise morale provoquée par les guerres de religion*, « The French Review », XXXVIII, 5, 1965, pp.587-598.

(CXXXIX) STAROBINSKI Jean, *Montaigne en mouvement*. N.R.F. 1960, pp.1622 et 254-266.

(CXL) TRINQUET Roger, *Les deux sources de la morale et de la religion chez Montaigne*, B.S.A.M., vol. 4, 13, 1968, pp. 24-33.

(CXLI) VIANEY Joseph, *Montaigne conteur*, Les Humanités, déc. 1937, pp.115-121.

(CXLII) WEBER Henri, *Montaigne et l'idée de nature*. Saggi e ricerche di lettaratura frencese, V, 1954, pp.41-63.

TABLE DES MATIERES

RAIMOND SEBOND

DÉDÉYAN (Ch.). — Le cosmopolitisme littéraire de Charles du Bos :
   Tome   I. — La jeunesse de Ch. du Bos (1882-1914).
   Tome II. — La maturité de Ch. du Bos (1914-1927).
   Tome III. — La critique catholique ou l'humanisme chrétien (1927-1932).
DÉDÉYAN (Ch.). — Le nouveau mal du siècle de Baudelaire à nos jours.
   Tome I. — Du post-romantisme au symbolisme (1840-1889).
   Tome II. — Speen, Révolte et Idéal (1889-1914).
DÉDÉYAN (Ch.). — Lesage et **Gil Blas**. Tomes I et II.
DÉDÉYAN (Ch.). — Racine : **Phèdre.**
DÉDÉYAN (Ch.). — Victor-Hugo et l'Allemagne. Tomes I et II.
DÉDÉYAN (Ch.). — Le cosmopolitisme européen sous la Révolution et l'Empire. Tomes I et II.
DÉDÉYAN (Christ.). — Alain-Fournier et la réalité secrète.
DELOFFRE (F.). — La phrase française (3e édition).
DELOFFRE (F.). — Le vers français.
DELOFFRE (F.). — Stylistique et poétique française (2e éd.).
DERCHE (R.). — Etudes de textes français :
   Tome   I. — Le Moyen Age.
     »   II. — Le XVIe siècle.
     »   III. — Le XVIIe siècle.
     »   IV. — Le XVIIIe siècle.
     »   V. — Le XIXe siècle.
     »   VI. — Le XIXe siècle et le début du XXe.
DONOVAN (L. G.). — Recherches sur le **Roman de Thèbes.**
DUCHET (Cl.) et collaborateurs. — BALZAC et la Peau de chagrin.
DUFOURNET (J.). — La vie de Philippe de Commynes.
DUFOURNET (J.). — Les écrivains de la quatrième croisade. Villehardouin et Clari. Tomes I et II.
DUFOURNET (J.). — Recherches sur le **Testament** de François Villon. Tomes I et II (2e édition).
DUFOURNET (J.). — Adam de la Halle à la recherche de lui-même ou le jeu dramatique de **la Feuillée.**

MARRAST (R.). — Aspects du théâtre de Rafaël Alberti.

MESNARD (J.). — Les **Pensées** de Pascal.

MICHEL (P.). — Continuité de la sagesse française (Rabelais, Montaigne, La Fontaine).

MICHEL (P.). — Blaise de Monluc (Travaux dirigés d'agrégation).

MOREAU (P.). — **Sylvie** et ses sœurs nervaliennes.

PAYEN (J.-Ch.). — Les origines de la Renaissance.

PICARD (R.). — La poésie française de 1640 à 1680. « Poésie religieuse, Epopée, Lyrisme officiel » (2è éd.).

PICARD (R.). — La poésie française de 1640 à 1680 « Satire, Epître, Poésie burlesque, Poésie galante ».

PICOT (G.). — La vie de Voltaire. Voltaire devant la postérité.

RAIMOND (M.). — Le Signe des Temps. **Le Roman français contemporain.** Tome I.

RAYNAUD DE LAGE (G.). — Introduction à l'ancien français (9e édition).

ROBICHEZ (J.). — Le théâtre de Montherlant. **La Reine morte, Le Maître de Santiago, Port-Royal.**

ROBICHEZ (J.). — Le théâtre de Giraudoux.

SAULNIER (V.-L.). — Les Elégies de Clément Marot (2e édition).

THERRIEN (M. B.). — **Les Liaisons Dangereuses.** Une interprétation psychologique des trois principaux caractères.

TISSIER (A.). — **Les Fausses confidences** de Marivaux.

TRICOTEL (Cl.). — Histoire de l'amitié Flaubert-Sand. Comme deux troubadours.

VERNIÈRE (P.). — Montesquieu et **l'Esprit des Lois** ou la Raison impure.

VIAL (A.). — La dialectique de Chateaubriand.

VIER (J.). — Le théâtre de Jean Anouilh.

WAGNER (R.-L.). — La grammaire française.
Tome I : Les niveaux et les domaines. Les normes. Les états de langue.
Tome II : La grammaire moderne. Voie d'approche. Attitudes des grammairiens.

WEBER (J.-P.). — Stendhal : les structures thématiques de l'œuvre et du destin.

Composé par C.D.U. et SEDES
Imprimé par Imprimerie JOUVE
17 rue du Louvre — 75001 Paris
N° Editeur 731 — Dépôt légal : 1er trimestre 1979